서정시학 수필 07

지리산 종석대의 종소리

백남오 수필집

서정시학

백남오

수필가. 문학평론가. 지리산을 3백여회 오름. 2004년『서정시학』수필 추천, 2015년『수필과 비평』평론신인상 등단. 2009년 수필집『지리산 황금능선의 봄』이 문화체육관광부 우수문학도서에 선정. 2011년『고등학교 국어』교과서에 수필「겨울밤 세석에서」수록. 2011년 문학으로 경남대학교 한마공로상 수상. 2014년『고등학교 문학』교과서(지학사) 공동저자. 마산무학여고 교사. 마산대학교 교양학부 교수.『경남문학』주간 역임.
  현재) 경남대학교 수필교실 지도교수 겸 청년작가아카데미 초빙교수. 진등재문학회 고문.

작품집『지리산 황금능선의 봄』『지리산 빗점골의 가을』『지리산 세석고원의 여름』
E-mail : jilisarang13@hanmail.net
H. P. : 010-2314-5071

서정시학 수필 07

지리산 종석대의 종소리
___

2018년 5월 31일 초판 1쇄 발행

지 은 이	•	백남오
펴 낸 이	•	최단아
펴 낸 곳	•	도서출판 서정시학
주 소	•	서울시 서초구 서초중앙로 18, 504호 (서초동, 서초쌍용플래티넘)
전 화	•	02-928-7016
팩 스	•	02-922-7017
이 메 일	•	lyricpoetics@gmail.com
출판등록	•	209-91-66271

ISBN 979-11-88903-08-05 03810

계좌번호 : 국민 070101-04-072847 최단아(서정시학)

값 12,000원

* 잘못된 책은 바꾸어 드립니다.

지리산 종석대의 종소리

이 도서의 국립중앙도서관 출판예정도서목록(CIP)은
서지정보유통지원시스템 홈페이지(http://seoji.nl.go.kr)와
국가자료공동목록시스템(http://www.nl.go.kr/kolisnet)에서 이용하실
수 있습니다.(CIP제어번호: CIP2018010414)

자서

지리산 푸른 바람과 그리움과

지리산 아흔 아홉 골
그 아득하고 그리운 능선과 봉우리들
짐승처럼 헤매고 다닌 적이 있었습니다.

지금 나는 지리산 천왕봉에 오를 수가 없지만
준엄한 자연의 순리와 세월
겸허히 순종하려 합니다.
벅차게 울렁이는 회한들도 선승처럼 다스려야만 하겠지요.
살아온 날들은 눈물겹도록 행복할 뿐입니다.

봄, 가을, 여름을 지나고
생의 마지막 계절이 다가오고 있지만
차마 겨울이란 말은 쓰기가 망설여져
다시 설레는 봄날의 유토피아를 생각하며
목숨처럼 남은 하루하루를 새롭게 사랑하고 싶습니다.

지리산에서 부는 영원한 푸른 바람과 그리움 속에서
몇 번의 산 벚꽃이 더 피었다 지고
다음, 그 다음 생을 맞이할 때쯤이면 나도
깨달음의 종소리를 들을 수가 있을까요.

그동안
지리산 황금능선의 봄
지리산 빗점골의 가을
지리산 세석고원의 여름을

뜨겁게 사랑해주신 나의 독자님께
한 생의 꽃, 내 젊음의 결과물
지리산을 완결하는 작품집을 바치며
지리산 종석대의 종소리를 함께 듣고 싶습니다.

2018년의 푸른 5월에
백남오 삼가 올림

목 차

*자서-지리산 푸른 바람과 그리움과 5

제1부 문학의 길 위에서

나는 오늘도 꿈꾼다 15
문학으로 아름다운 인연 17
샘솟는 그리움의 세계 20
합천 24
남경이 28
선생님의 편지 한 통 32
8부인과 어머니 37
폭풍의 언덕 41
여자의 자존심 46
미래서정을 위하여 50
진등재수필 창간호가 나오던 날 52
수필집 행복한 정원 56
수필, 그 15매의 마력 59

제2부 지리산 푸른 바람과 그리움과

지리산 외고개에 가고 싶다 65

지리산 종석대의 종소리 69

지리산 용유담에서 74

깊어가는 지리산의 가을밤에 78

지리산 대성동의 겨울 밤 81

지리산 유토피아 85

사람의 지리산 90

청송에 가면 94

수필, 산정무한 98

나는 자연인이다 101

새로운 인생길에서 104

제3부 떠나고 만나는 설렘

백성이 주인인 산 109
백제 부활의 꿈 변산반도 114
눈 내리는 전주의 밤 121
연지분 잇내마는 125
작은 거인 일본 회상기 129
미국 서부에서 138
천 년의 도시 동유럽 145
하늘로 가는 길 155
플리트비체 159
설국의 밤 163
잃어버리기 연습 166

제4부 한세상 사는 일이

3월을 기다리는 새 선생님 173

나의 학생들에게 176

이웃 179

학보사의 인연으로 181

고통의 신비 185

얄미운 하느님 189

사랑의 힘으로 193

그리운 포숙아 195

군 생활과 라면 200

병상일기 205

일신우일신 209

벌초 212

서정이, 성현이에게 216

*작품해설

산과사람, 그리고 섭리를 향한 외경과 환대/ 김문주(문학평론가, 영남대 국문과교수) 221

제1부 문학의 길 위에서

나는 오늘도 꿈꾼다

　스스로의 의지로 이 세상에 태어난 사람이 있겠는가. 죽음의 길도 본인의 뜻과는 별개가 아닌가. 그렇다면 산다는 의미는 무엇일까. 도대체 무엇을 위하여 살아가는 것일까. 삶의 목적은 무엇일까. 그냥 태어났으니까 어쩔 수 없이 사는 것은 아닐까. 참으로 근원적인 의문들이요 끝도 없는 사색의 화두다.
　이러한 문제들을 모두 고려하지 않는다 해도 삶이란 과정이라고 본다. 끝도 없는 양파 까기 같은 것 말이다. 삶의 구체적인 목표가 있다면 그것은 어쩌면 죽음이라는 생각을 해볼 때도 있다. 그래서일까. 인생의 과정에서 어떤 꿈을 이루었다 할지라도 결코 만족하지 못하게 된다. 더 큰 목표가 저만치서 기다리고 있기 때문이다. 그게 인생길이고 삶이지 싶다. 아무리 큰 것을 이루었다할지라도 그것은 하나의 순간적인 스펙에 불과할 뿐 가야 할 길은 언제나 아득하기만 하다.
　나의 수필 「청학동 가는 길」은 유토피아를 찾아가는 과정을 그린 작품이다. 나는 왜 지리산의 수많은 봉우리와 능선들을 죽음을 무릅쓰고라도 오르려 했을까. 왜 밤잠을 설쳐가며 그 험한 산길을 걷고 또 걸으며 미지의 계곡 속으로 빠져 들었을까. 왜 젊음을 송두리째 바치며 그 기나긴 세월을 지리산에서 육체적 가학을 통하여 즐거움을 얻으려 했을까. 아마도 깊은 내면, 이상향을 향한 원초적 그리움 때문이었으리라.

그렇다면 그렇게도 찾고자했던 청학동을 찾았을까. 그곳은 어쩌면 영원히 도달할 수 없는 길이 아닐까 싶다. 꿈꾸던 유토피아가 현실화되는 순간에 이미 유토피아가 아니라 현실 그 자체가 되고 마는 까닭이다. 그리하여 또 다른 이상향이 그리움으로 손짓해 오던 것이 아니던가. 결국 죽음만이 꿈꾸지 못하게 할 뿐이다.

청학동은 마음속 깊이 내재된 영원한 안식처를 향한 원초적 슬픔 같은 곳이리라. 그럼에도 산다는 것은 또다시 청학동을 찾아 나설 수밖에 없는 일이 아닌가. 그리하여 나는 오늘도 꿈꾸는 것이리라. 꿈을 포기할 수 없는 것이다.

문학으로 아름다운 인연

"아, 나의 형제여, 나는 이제껏 너보다 아름답고 침착하고 고귀한 물고기를 본적이 없다. 자, 나를 죽여도 좋다. 누가 누구를 죽이든 이제 나는 상관없다"

헤밍웨이의 「노인과 바다」에서 산티아고 노인이 거대한 물고기와 사흘 밤낮 사투를 벌이면서 외치는 대사다. 승부 자체가 중요한 것이 아니라 최후까지 최선을 다하여 싸우는 것이 중요함을 이 소설은 강조한다. 물고기는 물고기로서의 삶에 순명을 다하는 것이고, 어부는 어부로서의 삶에 소명을 다해야 한다는 것이다.

노인은 스스로 죽음의 위기에 몰리면서도 필사적으로 투쟁하는 적에게 동지애를 느끼고 있다. 그리하여 물고기와 자신이 같은 운명의 동아줄에 매어 있는 형제라고 고백하는 것이다. 그것은 어떠한 상황에서도 포기하지 않는 희망의 메시지이기도 하다. 결국 이 소설은 인간이 어떻게 살아야 하는가에 대한 해답을 주는 인류의 고전이라 할 수 있다.

문학의 종말을 예단하기엔 아직 이르다. 천재작가들이 남긴 위대한 문학작품은 아직도 우리에게 많은 감동과 위안을 주고 있기 때문이다. 그 울림으로 인하여 실의의 늪에서 새로운 삶을 찾기도 하고, 절망의 어둠에서 희망의 빛을 보기도 하는 것이다.

　에밀리 브론테의 『폭풍의 언덕』은 사랑이 결혼의 조건임을 분명히 가르쳐주며, 톨스토이의 『부활』은 여자의 자존심이 어떤 것인가를 깨닫게 해준다. 토마스 하디의 『테스』는 순결의 의미를 내면적 성찰을 통해 명확하게 보여주는 작품이다. 진수의 『삼국지』는 다양한 인간군상의 모습을 통해 삶의 길을 제시한다. 박경리의 『토지』는 한국인과 한국문학의 원형을 담고 있으며, 조정래의 『태백산맥』은 분단과 한국전쟁의 양상을 구체적으로 드러낸다. 열정적이고 치열한 인생론을 담은 명사들의 『에세이집』에서는 새로운 삶의 해법을 얻을 수도 있을 것이다.

　삶이 힘들어 주저앉고 싶을 때 문학에서 위안을 찾는 것은 슬기로운 방법이리라. 명작 속에 갈등의 열쇠가 있고 유토피아가 있음이다. 그것이 또한 '문학의 힘'임을 믿는다.

　요즘 우리 사회의 일각에서는 문학공부를 하려는 사람들로 넘쳐난다고 한다. 은퇴를 앞둔 세대를 중심으로 노년층에서 작가의 꿈을 꾼다고 하니 고무적인 일이 아닐 수가 없다. 이들은 학창시절 모두가 문학소년·소녀였을 것이다. 삶이라는 엄중한 현실 앞에 꿈을 접을 수밖에 없었고 생활전선으로 내몰리며 평생을 일하였을 것이다. 이제 조금 먹고 살 만하고 자녀들도 성장하여 떠나버린 지금, '나'에 대한 정체성을 묻게 되고 결국 젊은 시절 동경했던 문학의 꿈을 찾아 나선 것이리라.

내가 강의하는 대학의 '수필교실'에도 사람이 넘쳐나기는 마찬가지다. 교수님, 선생님, 박사님, 원장님, 사장님, 공무원, 농부님, 가정주부, 등단한 기성수필가에 이르기까지 다양하다. 연령층도 20대 대학생으로부터 70대 할머니를 아우른다. 이러한 문학에 대한 열망은 우리 사회가 무너져도 그래도 마지막 희망이 있다는 증표로 읽는다. 문학이 있어 얼마나 행복한 인연인가.

이들은 사실 반드시 작가가 되려고 하는 것도 아니다. 그저 문학시간이 좋고, 책을 읽고 글을 쓰는 것이 좋고, 문학하는 사람들과 함께 어울리는 것이 좋을 뿐이다. 그렇게 수업시간을 기다리고 행복해하는 것이리라.

나 역시 이들의 선생이라고 생각해본 적도 없다. 함께 문학의 본질을 얘기하고 서로의 작품을 돌려가며 읽고 느낌을 말하고 고달픈 인생사를 다독이면서 문학으로 아름다운 인연의 길을 걸어가는 것이다. 문학작품은 신비로운 높은 산이 아니라 집근처에 있는 야트막한 언덕 같은 것이며 천재가 아니라 고뇌하고 번민하는 평범한 사람이 중심이라는 말을 믿는다.

어느 누가 처음부터 세상을 밝힐 글을 쓸 수 있겠는가. 문학이란 외딴집 농가의 식탁을 비추는 작은 등불과도 같아서 그 불빛은 수 십리 떨어진 길 잃은 사람에게는 구원의 이정표가 될 수도 있음이다. 다양한 삶의 얘기들을 풀어내다보면 자신은 물론 비슷한 처지에 있는 이들의 영혼을 달래고 어루만져주는 생명수 같은 글 한 편 나올 수도 있지 않겠는가.

샘솟는 그리움의 세계

청소년들에게 문학을 가르치는 일은 중요하다.

문학작품은 영혼의 한 모습이요 마음의 텃밭이며 시대와 역사의 정신사적 현상에 대한 작가의 중대한 발언이다. 인간이 끊임없이 지향하고자 하는 잃어버린 고향 찾기의 육화된 몸부림이기도 하다. 나는 이러한 사실을 한시도 잊은 적이 없이 여고에서 문학이론과 시를 가르쳤다.

그동안 학생들이 남기고 간 머루알 같은 습작들이 지방문예지나 학보, 교지 등의 지면을 통하여 쌓이는 것을 보면서 많은 상념에 잠겨 보기도 했다. 비록 기성시인들이 내뿜는 예리한 사회의식은 부족하지만 순수하고 성실한 영혼들의 모습이 살아 숨쉬고 있음을 감지할 수가 있었다. 그리하여 '샘솟는 그리움의 세계'라고 자리매김한 적이 있다.

그리움의 심상이 서정성의 바탕이요 창작의 출발점이라고 한다면 이들의 시는 그 출발점에 서 있다. 그 그리움은 어느 한 곳에 머물러 있지도 않다. 인간이기에 어찌할 수 없는 원초적인 것에서부터 부모형제에 대한 그리움, 며칠 전 헤어진 친구에 대한 그리움에 이르기까지 다양하다. 소녀들이 가지고 있는 절대순수의 정서적 공간이다.

때묻지 않은 싱싱한 서정의 세계, 서정적 양식의 바탕을 이루는 윤기흐름과 공감의 세계, 그 속에서 울려 퍼지는 내면의 소리와 의미의 울림, 이것은 맑은 세계에 대한 그들의 티 없는 자존심이기도 하다. 이러한 아이들에게 시를 어떻게 지도해야 될 것인가. 우선 현대시의 흐름을 잠깐 살펴보아야 할 것 같다.

현대시에 나타나는 크나큰 흐름의 줄기는 서로 넘나드는 관계를 이루는 가운데 다섯 가지 정도로 요약될 수 있다. 현실참여시, 인생론적 시, 전통시, 순수서정시, 모더니즘시가 그것이다.

민중의식을 고양하는 참여시의 경우는 일련의 정치적인 사건들과 밀착되어 있다. 절대다수의 비특전적 평민들이 역사 발전의 주체라는 자각에 민중의 권리를 위한 현실비판과 저항의식, 인간다운 삶을 지향하려는 몸부림 등을 보이면서 현대시의 중요한 흐름을 형성해 오고 있다.

인생론적 시는 시대의 변동에서 오는 불합리와 부조리, 문명의 횡포와 그 와중에 복제된 인간과 그들의 소외로 인한 좌절과 비애를 노래한다. 도시적 센티멘탈리즘의 시와 인간성 회복을 주창하는 종교적 갈망의 시도 이에 포함된다.

전통시는 역사의 숨결을 노래하거나 고전작품 속에서 현대적 삶의 의미를 발견하려는 일련의 노력으로 볼 수 있다. 전원적인 순수서정시는 우리 시창작의 중요한 원천이 되기도 했던 자연과 향토에 대한 아름다움과 본원적 향수를 노래하며 순수시의 맥락을 이어왔다.

모더니즘계열의 시는 주지시와 기존의 틀을 해체하려는 이른바 미래파라 불리는 실험시 계열로 양분할 수 있는데, 고도의 은유와 상징 등 다양한 기법을 사용하거나 때로는 과감한 의미반란을 시도하는 데서 난해하다는 지적을 받는다. 그러나 개성의 신장이나 시 자체의 내면적 확대성장을 위해서 필연적인 것이다.

이같이 다양한 시의 흐름 속에서 청소년 문학은 무엇을 지향해야 할 것인가. 민중시 계열의 시를 강조하면서 아이들을 이끌어 갈 것인가. 순수서정시만을 강요할 것인가. 쓰는 시가 아니라 만드는 시를 주장할까. 그 어느 것도 일방적인 것은 배격되어야 한다는 것이 나의 생각이다. 있는 그대로의 순수, 원초적인 그리움, 자연발생적인 감정 표출, 그러한 것들을 표현할 수 있는 방법의 지도, 그것이 필요하다. 어떠한 종류의 시라도 쓸 수 있는 기본적인 요건을 갖출 수 있도록 잠재력을 길러 주어야 한다.

청소년들이 민중시를 선택하든 순수시를 선택하든 그것은 기성시인이 되었을 때 스스로 선택해야 할 문제다. 청소년 문학지도의 핵심은 그들의 감정과 개성을 있는 그대로 표출해 낼 수 있도록 도와주는 일이다. 교사의 의도대로 끌고 간다면 크나큰 오류를 범할 수가 있다. 그들의 순수하고 개성적인 감정을 지도자의 주관으로 유인하지 않아야 한다.

어떤 이는 낭만적인 그리움과 언어의 기교만을 아이들에게 강요함으로써 그들의 의식을 죽여 간다라고 한다. 그래서 의식을 일깨워주는 현실참여의 경향으로 지도할 것을 주장한다. 주체적 논리의 확립 과정은 자유로운 선택의지에서, 시련과 갈등에서, 스스로 성장해 가야할 일이다. 논리의 강변으로 순연한 자아의 흐름을 단절시키면서까지 의식의 동질성만을 강조한다면 진정한 정체는 사라지고 비인간화된 또 하나의 평균인간만 탄생될 뿐이다.

시대가 각박하게 변해가고 있음은 우리 모두가 공감하는 바다. 어쩌면 오늘날 아이들에게 그리움이나 낭만이라는 낱말은 생소할지도 모른다. 그리움을 모르고 자라는 아이들이 훗날 이 땅의 주역이 되었을 때 그들의 후세에게 무엇을 보여주고 가르칠 것인가. 인간이 인간일 수 있음은 기본적인 인간의 정서를 느끼고 표현할 수 있음이다.

구름 한 점 없는 가을날, 코스모스가 만발한 시골길을 걸으며 노랗게 물든 황금들판을 바라보면서도 아무런 마음의 동요도 느끼지 않는 것이 오늘의 청소년이라면 어찌할 것인가. 갈수록 메말라가고 있는 아이들의 서정성을 일깨워 주어야 한다.

기쁜 일이 있으면 환호할 수 있고 슬픔이 있으면 괴로워할 수 있고 아름다움을 보면 감탄할 수 있고 불의를 보면 분노할 수 있는 사람이 되어야 하지 않겠는가. 이러한 본원적인 감정을 눈뜨게 하는 것이 문학공부의 근본이라 믿는다.

합천

내가 합천에서 문학강의를 하게 된 것은 이동실 수필가 덕분이다. 몇 년 전 어느 수필전문지 행사에서 만난 이후 우리 창작교실 문우들과도 가깝게 교류하는 사이가 되었다.

어느 날 그녀는 느닷없이 나의 수필강의를 듣고 싶다고 했다. 처음에는 애써 못들은 척을 했다. 호의는 고마우나 어떤 측면에서 보아도 그것은 불가능한 일이었음이다. 합천에서 저녁시간에 대학이 있는 마산으로 내려오는 일도 여러모로 힘든 일이었기 때문이다.

다시 세월이 한참 흐른 3월 마지막 주쯤, 무학산 진달래 산행을 하고 있는 중에 이 수필가로부터 전화가 왔다. 합천에서 수필공부를 하고 싶어 하는 선생님들이 열 명 정도나 된다는 것이다. 그러니 일단 직접 한 번 와보고 최종 결정을 하면 어떻겠느냐는 목소리에는 진지하고 엄숙함까지 묻어나왔다. 그 간곡한 청을 거절할 어떤 명분도 나는 찾아 낼 수가 없었다. 그렇다면 한 번 가보겠다고 약속을 하고 전화를 끊었다. 갑자기 머리가 어지러웠지만 부딪쳐 보기로 했다. 시력이 부실한 문제가 있으나 시간이 더 지나면 봉사활동 조차도 할 수가 없을지도 모른다고 스스로를 다독였다.

　우여곡절 끝에 봄꽃이 천지에 분분하는 4월3일 월요일 오후 5시, 합천으로 차를 몰고 달렸다. 연둣빛 산야가 다투어 손을 흔들며 환한 웃음으로 격려해주는 것만 같았다. 의령을 지나 대의로 접어들자 수년전 지리산을 오가던 길을 만난다. 당시는 좁고 굴곡진 국도와 높은 고개로 매우 힘든 구간이었는데 고속도로처럼 시원하게 정비되어 있다. 큰 고개도 터널이 뚫려 순식간에 접어든다. 대의에서 가회, 삼가, 쌍백, 대양 등의 정겨운 이정표를 지나 황강을 건너 합천까지 들어가는 길도 시원하게 이어져 무리가 없었다. 80킬로 거리에 딱 한 시간 정도 소요되었다.

　약속장소인 공부방에 들어서는 순간, 깜짝 놀라지 않을 수가 없었다. 무려 20명 가까운 선생님들이 방안을 꽉 메우고 있는 것이 아닌가. 인문학의 이름으로 사람을 모으기가 쉽지 않은 시대, 크지 않은 고을에서 이처럼 많은 분들이 문학을 향한 열정을 불태우고 있다는 사실에 감동하지 않을 수는 없었다. 전혀 뜻밖의 일이었다. 자연스럽게 자기 소개가 시작되었다. 교육원로님부터, 지역의 유지, 일반시민에 이르기까지 합천군의 주요한 분들이 거의 자리를 함께한 것 같았다. 분명한 것은 이분들이야말로 대가야의 터전위에 세워진 고도 합천을 지키고 가꾸어 오신 뿌리라는 사실이다. 이 고장의 아름다운 자연과 빛나는 문화유산을 지켜 오신 자랑스러운 주역들인 것이다.

　초계에서 오셨다는 한 선생님의 소개가 이어지자, 나의 의식은 까마득한 유년의 뜰로 허위허위 걷잡을 수없이 달려갔다. 진등재에서 바라본 세계의 중심이 초계들판이어서일까. 그것은 나의 본적이 합천군이기 때문일거다. 원적도 합천군이 맞다. 태어나

초·중·고·대학을 마치고 군에서 제대를 할 때까지도 나의 소속은 합천이었다. 소년시절에는 우유배급을 받으러 진등재를 넘었고, 대학체력장 시험을 합천읍에서 치렀으며, 군 입대를 위한 징병검사와 예비군 동원훈련까지도 합천에서 받았다. 합천을 가기 위해 진등재를 넘을 때는 "서으론 황매산성 동으론 낙동, 쓰고 남아 쌓이도록 기름지구나. 내 고향은 합천 땅 열일곱 집이 한식구로 모여서 번영하는 곳"이라는 군가를 소리 높여 부르던 기억이 생생하다. 당시 그곳은 성역이었다.

 그러던 것이 1983년 생활권 중심으로 행정구역이 개편되면서 내 고향 머릿골은 합천군 적중면에서 의령군 부림면으로 편입이 되었다. 그때 나이 서른, 의식이 완전히 굳어지고 난 뒤였다. 그 이후 많은 세월을 합천사람도 의령사람도 아닌 채로 살았다 해도 과언이 아니다. 고향이 의령으로 완전히 적응되는 데는 많은 시간이 걸릴 수밖에 없었다.

 그렇게 수십 년의 시간이 흘렀는데도 의식 한 켠에서는 합천사람으로서의 피가 흐르고 있었던 모양이다. 나는 한없이 이 분들에게 끌리며 그 속으로 동화되어 갔다. 그립고 그리워서 찾고 또 찾았던 본향을 만나 그 안에서 망연히 유영하고 있는 자신을 발견했다. 아득한 환몽 속에서 이들을 놓쳐서는 안 된다고 매달리고 있었을지도 모른다. 내면에서 갈구하던 저 밑바닥의 마지막 뿌리를 만나고 있었던 것이다. 영혼은 이미 본향의 중심에서 마음껏 물장구를 치고 있었음은 아닐까. 나에게 합천은 그런 의식의 원형이었음을 확인시켜 주고 있었음이 분명하다. 그렇게 첫 수업이 꿈결처럼 끝났다.

 내려오는 길도 한 시간이 걸렸다. 그것은 물리적인 시간이었을 뿐

정서적으로는 그에도 훨씬 미치지 못했다는 말이 맞다. 마음이 먼저가 있을 때도 있다. 그렇게 매주 월요일이면 합천으로 가고 그 시간을 기다리게 되었다. 한 학기가 끝나갈 무렵 지리산 반야봉에서 철쭉의 끝물에 한창 취해 있는데 휴대폰이 요란하게 울어댔다. 함께 공부하며 '이주홍 어린이 문학관' 이사로 있는 정순한 수필가다. 나의 강의를 문학레지던스사업, 지역민을 위한 문학강좌로 이어가면 어떻겠느냐는 내용이다. 이미 내 뜻은 없는게 아니냐고 말했다. 이제 합천이 낳은 불세출의 문인 향파 선생님까지 만나며 합천을 오르내리고 있다. 이 인연이 앞으로 어떻게 진행되어 갈지는 나도 모를 일이다.

분명한 것은 함께 문학공부를 하는 선생님들이 모두 꿈을 이루어 훌륭한 작가로 성장하게 될 것이란 믿음이다. 합천을 환히 밝히는 횃불 같은 문인이 되었으면 정말 좋겠다. 돈독한 문우로 교류하며 창작의 기쁨과 고통까지 함께 나누고 격려하는 벗이고 싶다. 그렇게 합천의 이름으로 한 뿌리가 되고 같은 무리이고 싶다.

남경이

　남경이는 우리 형제 6남매 중 막내다. 깨물어서 아프지 않는 손가락이 있을까마는 막내라는 이름은 어쩐지 애틋함이 묻어난다.
　베이비부머 마지막 세대로, 머릿골이란 그 무지막지한 환경에서 태어나 대학을 나오고 언론인이라는 직업으로 평생을 살아간다 함은 불가능한 환경을 개척해 낸 것으로 볼 때 의지의 삶이라고 보아야 할 것이다. 그 이면을 조금이라도 들여다 본다면 얼마나 고독하고 인내하는 시간이 많았을 것인가를 짐작할 수가 있다.
　남경이는 내가 첫 직장을 잡은 그해 고3이었고 아버지는 70을 바라보는 고령이셨다. 진주에서 생질과 자취생활을 하며 학교에 다녔다. 다음해 대학 입학을 하면서 내 곁으로 왔고 나는 막 결혼하여 신접살림이 시작되던 시기였다. 형제가 한집에서 사는 것은 당연한 일이라 여겼다. 비좁은 전셋집이지만 경이가 대학을 졸업하고 상주의 함씨 가문 교사 처녀에게 장가들어 독립할 때까지 적지 않은 시간을 함께 지냈다. 아리고 힘들 때도 없지 않았지만 극복해냈다. 지금은 범강장달이 같은 아들만 셋이나 두었고, 아무것도 아쉬울 것 없는 자유인이 되었다.

　나는 남경이가 처음부터 기자가 되기를 바랐다. 그것은 내 직업선택과도 무관하지 않다. 나는 대학시절 내내 학보사 기자생활을 했고 최종 직업을 선택할 무렵에는 교사와 기자를 두고 갈등하다 결국 교사의 길을 갔다. 그러니 가지 못한 길에 대한 미련이 있었고 그 길을 동생을 통하여 걷게 하고 싶었다. 남경이가 언론사에 합격하여 이런 나의 바람이 이루어졌고 지금은 중견 언론인으로서의 위치까지 굳혔다. 대견스럽고 고마운 일이다.

　또 세월은 흘러 경이가 50대 중반으로 들어설 무렵 행정학 박사학위를 받았다. 힘겹게 시간을 쪼개어 공부한 의지의 결실이다. 그해 나는 문학평론가가 되었다. 우리 수필교실의 관례에 따라 등단식을 하게 되었는데, 가족대표로 초대했다. 경이가 순수문학 모임을 처음으로 접하는 순간이기도 했다. 그 자리가 끌리었던 모양이다. 사람들도 좋고, 분위기도 편안했기에 깊은 내면에서 요동치며 뭉클거리는 그 무엇이 반응을 해왔던가 보다. 얼마 후 이런 제안을 하는 것이 아닌가.

　"형님, 저도 수필공부를 한 번 해보고 싶습니다"

　나는 순간적으로 놀라며, "아, 경이에게 강렬한 문학적인 인자가 있었구나" 라는 생각이 번개처럼 스쳤다. 그러면서도 이렇게 대답을 했다.

　"많이 바쁠 텐데 일주일에 한 번씩 대학에 나와 공부할 수 있는 여유와 시간이 되겠나. 몇 년은 걸릴 텐데"

　"예 형님, 그래도 해보겠습니다"

　"그럼 내년 신학기부터 공부 한 번 해보자. 문학은 평생 가는 길임을 잊지 말고"

그렇게 남경이는 나의 수필교실에서 문학으로 새로운 연을 맺게 되었다. 결코 쉽지 않은 결정이었으리라. 중견언론인이라는 자부심으로 누구에게 무엇을 배운다는 사실도 그렇고, 형을 스승으로 모신다는 것도 조금은 어색했을 것이다. 하지만 신내림을 목전에 둔 사람이 무당집에 꽂인 대나무를 보면 가던 길도 멈추고 홀린 듯이 빠져들어 가는 것처럼, 남경이도 그 내면 깊이 묻혀있던 문학적 인자가 그날 등단식의 분위기를 통하여 분출한 것이라고 나는 보았다. 잘된 선택이고 행운의 길임을 믿는다.

내 바로 밑 동생 남조도 고교시절에 소설을 쓴다고 열정을 불태웠던 적이 있다. 그러고 보면 우리 형제 모두가 문학적 성향을 가지고 있는지 모르겠다. 그것은 어머니의 영향이 아닌가 싶다. 어머니께서는 생전에 춘향전, 심청전, 조웅전, 유충렬전 등의 고전소설을 모두 외워서 우리들에게 들려주시곤 했다. 중요한 대목에서는 각주를 달아 논평까지 하시던 모습이 지금도 선연하다.

남경이의 문학적 역량은 기대 이상이었다. 한 해 공부로 틈틈이 글을 적어 무려 20여 편의 신작을 창작했다. 문장도 아름답고 내용도 감동적이며 독자를 끌어들이는 힘도 있었다. 상상하지도 못한 내용과 추억들이 작품을 관통했다. 더 놀란 것은 어머니에 대한 추억과 간절함이 구구절절 사무침으로 자리 잡고 있는 내면의 풍경이었다. 막내라는 애잔함이 부모자식 간에는 더욱 간절함으로 존재하고 있다는 사실을 발견했다. 그랬다. 이만하면 작가로서 당당하게 설 수 있는 요건을 갖추었다고 확신했다.

그런 치열한 수련 끝에 공부를 시작한 지 3학기 만에 수필전문지 『에세이스트』 신인상 당선이란 등용문을 통과하며 문인이 되었다.

축하할 일이다. 문득, 그 옛날 어머니께서 하신 말씀이 생각난다. 남경이가 이 세상에 나올 때, '누구 따라 가지?' 하며 요길 조길 살피다가 '나는 형님 따라 가야지' 하면서 이승에 왔다고 몇 번이나 들은 적이 있다. 어머니의 그 말씀은 함께 문학의 길을 가는 것으로 완성되리라 생각된다.

여태껏 경이가 자기주장을 강하게 내세우거나 특정한 사람의 편을 드는 경우를 본 적이 거의 없다. 왜 스스로의 속내가 없었을까마는, 막내라는 출생의 순위 외에도 그렇게 했을 때 오는 힘든 뒷감당을 해야 한다는 점을 이미 알고 있기 때문이리라. 그것이 이 난해한 세상을 살아온 경이의 처세술이었을 것이다. 이는 머릿골에서 태어난 사람은 잡초처럼이라도 끝까지 살아남는 것이 승리자라는 평소 나의 지론과 닿아 있기도 하다. 언론인으로서야 누구보다도 당당하고 소신있게 주장을 펼쳤음은 물론이지만 말이다.

이제부터는 작가로서 당당하게 발언하고 마음 가는 대로 편들고 주장해야 한다. 작가는 그 어떤 집단이나 개인의 이념에서 벗어나 자유롭게 판단하고 양심에 따라 사유하는 지성인이 아닌가. 그것은 예술의 본질에 다가가는 일이기도 하다.

지금부터 문학으로 할 일이 산적하다. 입지를 다져 가는 것도 중요할 것이다. 이제 막 걸음마를 시작한 '진등재문학회'를 반석위에 올려놓고 머릿골 진등재가 문학의 성소로 자리잡도록 노력했으면 좋겠다. 그것이 문학적 사명이고 그 사명을 실천할 수 있다면 이보다 더 명확한 성과가 또 있겠는가. 남경이와 함께 맞이할 문학여정이 무척 설렌다.

선생님의 편지 한 통

조진기 교수님께

교수님 안녕하세요.
졸저 『지리산 황금능선의 봄』(2009년, 서정시학)을 일독하셨다고 하니 부끄러운 마음이 앞섭니다. 부족한 점이 많기에 늘 배우고 공부하는 자세로 노력하고자 합니다. 아직도 교수님 앞에만 서면 더욱 작아질 뿐인데, 그런 저의 글을 호평해주시니 용기가 생기고 어린아이처럼 기분이 좋아지는 것은 당연한 일입니다. 고맙습니다, 교수님.
교수님은 저희들의 신화입니다. 대학시절의 아름다운 추억을 회상할 때면 언제나 그 중심에서 회자됩니다. 문학의 세계로 관심을 돌리게 하시고, 소설의 원리를 이해하고, 학문의 엄격함을 배운 것이 모두 교수님과 함께한 푸른 청년시절입니다. 또한 그러한 토양이 저를 작가로 서게 한 힘일 것입니다.
지리산을 2백 여 회 오르고 그 감명을 서정화시켰다고는 하지만 나

혼자만의 사랑일 뿐, 미답지가 많고 문장도 투박하기 짝이 없습니다. 더 겸허하고 낮은 자세로 당분간 지리산을 더 오르려고 합니다. 또한 아직 다하지 못한 지리산 얘기를, 책 한 권 더 묶어볼 계획도 하고 있습니다. 그때는 교수님께서 꿈꾸고 계시는 산을 중심으로 한 문화의 원형도 꼭 염두에 두도록 하겠습니다. 큰 사랑으로 지켜봐 주십시오.

 기회가 된다면 교수님과 함께, 민족의 영산 지리산을 오르는 행운을 가지고도 싶습니다. 오늘은 이만 총총 줄입니다. 또 연락드리겠습니다. 내내 건강하십시오.

불초제자 백남오 올립니다.

 이 글은 대학 은사 조진기 교수님께서 보내주신 편지에 대한 나의 답장이다. 선생님께서 나의 수필집을 꼼꼼히 읽으시고 손수 메일을 보내 격려해 주셨다. 학문의 방법에 대한 깊은 인식이, 문학에 대한 열정이, 제자에 대한 애틋한 사랑이 30년이 더 지난 지금도 그대로인 것을 느끼는 순간, 가슴이 뭉클했다. 그런 속마음도 헤아리지 못한 채, 오십대 중반을 넘긴 제자는 가끔 대학시절 교수님의 짠 학점에 대한 서운함을 감추지 못했으니 말이다.

 제게 보내신 글은 이렇다. 선생님의 허락도 없이 주신 사신을 공개하는 것은 당신께서 가르치신 모든 제자들에게 한결같을 따뜻한 사랑임을 알기 때문이다.

 백남오 선생에게.

 지금 지리산 황금능선에는 진달래가 피었을까. 정말 오랜만에 지리산을 마음껏 돌아보았네. 지리산은 언제나 푸근하고 아무리 자주

가도 새로운 세계를 펼쳐 보이는 곳이지. 내가 지리산에 대해 얘기하는 것은 자네에겐 어린애 재롱처럼 들리겠지만, 나도 한때 산에 미쳐 전국의 유명산은 다 다녔다네. 물론 아마추어에 지나지 않지만 그때의 기억을 되살리며 자네 책을 감동적으로 읽었다네. 그냥 읽기 섭섭하여 지리산의 지도를 펼쳐놓고 자네가 등산한 코스를 하나하나 짚어가며 읽었지. 그 속에는 내가 다닌 곳도 있어 그때의 감동이 새로워지더구나. 지금은 거의 십여 년간 산을 다니지 않았으니 지리산 또한 아름다운 추억으로 남아, 옛날의 산행일지를 뒤적이며 읽었어.

분명 거기에는 지리산이 있고, 인생에 대한 깊은 통찰과 함께 삶을 관조하는 자네의 성숙한 모습을 보았다네. 제자의 모습을 통해 나 자신을 돌아볼 수 있는 계기가 된 셈이지. 난 산을 보지 못했어. 앞서가는 사람의 뒤를 따르느라 산을 보지 못했고, 인생을 생각할 겨를이 없었다네.

나도 산에 대한 글을 쓸려고 준비를 한 적이 있었단다. 산을 둘러싼 문화형태를 생각한 것이지. 난 말이야, 한국의 문화는 산과 계곡, 사찰, 마을을 하나의 벨트로 묶어야 한다고 생각해. 그 속에서 지역 내지 향토문화가 만들어지는 것이 아닐까 싶어.

요즘 다시 산행을 시작했네. 은퇴 교수와 은퇴를 준비하는 몇 사람이 소풍삼아 다니는 산행이라 산행을 핑계삼아 한담을 즐기는 모임이지. 얼마 전에는 밀양 억산을 다녀오고, 지난주에는 청량산을 다녀오고, 다음 주에는 경주 남산을 답사하기로 했다네. 자네 책을 읽으며 옛날만 같으면 함께 지리산 종주를 제안하겠으나 이제 그것은 불가능할 것 같아. 지리산이 생각나면 자네 책을 다시 읽으며 체력을 단련하여 지리산 천왕봉을 올라볼 수 있기를 다짐해보네. 그럼 다시 한 번 자네의 지리산 이야기를 기대하며 건강 건필을 비네.

조진기

    책을 받고도 그 흔한 문자메시지 한 번 날리는데 인색한 사람도 있다는 세상 인심에 비할 바는 아니지만, 선생님의 편지 한 통은 각별한 것이다. 인간에 대한 뜨거운 사랑이 있기에 가능한 일이다. 나는 선생님의 그러한 속정을 가슴깊이 느낄 수가 있다. 실제로 선생님의 격려편지 이후 나에게는 참으로 많은 변화가 일어나기 시작했다.

    매스컴의 호의적인 보도도 그 중 하나이지만, 작품집 속의 수필 「겨울밤 세석에서」가 2011년부터 학생들이 배우는 『고등학교 국어교과서』에 실리게 되었다는 사실이다. 출판사 측에서는 "읽을거리는 넘쳐나지만, 정말 학생들의 영혼을 채워주는 글이 부족한 시대에 선생님의 글이 좋은 본보기가 될 것"이란 채택사유를 알려왔다. 나는 기쁘고 민망하여 몸 둘 바를 몰랐지만 그것은 엄연한 현실이었다. 이어서 나의 책은 '2009년 문화체육관광부 우수문학도서'로 선정되었고, '경남문협 우수 작품집상'을 받게 되는 영예도 안았다. 모두가 선생님의 격려와 사랑이 제 문학의 힘으로 투영된 것이라 생각한다.

    다시 가을이다. 또 한 해가 저물어가는 11월의 길목에서 지난 삶을 되돌아보는 시간이다. 참 많이도 맞이한 가을이고, 많이도 생각한 인생이다. 그러는 사이 남은 가을을 헤아릴 만큼의 나이도 먹었다. 선생님은 이제 제도권을 떠나 정년이라는 또 하나의 경계에 접어들고 계신다. 너무 많은 회한도 있을 것이다. 삶이 얼마나 쓸쓸하고 인생이 얼마나 외로운 것인가도 느끼실 것이다.

하지만 선생님께서는 더 잘 아실 것이라 믿는다. 당신께서 평생 뿌리신 수많은 씨앗들은 결코 썩지 않을 것이라고. 꽃을 피우고 열매를 맺어 풍성한 결실을 거둘 것이라고. 또다시 봄이 되면 새로운 꽃이 피게 될 것이라고. 그렇게 당신의 이름도 더불어 영원할 것이라고. 그것이 자연의 순리이며 우주의 엄격한 질서라고.

8부인과 어머니

서포 김만중은 『구운몽』을 통해 어떻게 어머니를 위로하고자 했을까. 국어교사로서 구운몽을 가르치는 내내 이 문제는 매우 흥미롭고 초미의 관심이 아닐 수가 없었다.

고전소설 『구운몽』은 그 문학성이 아주 빼어난 작품이다. 주제와 사상의 다양함은 물론 뛰어난 묘사와 상상력, 현실과 꿈을 넘나드는 환몽구조는 가히 압권이라 할만하다. 조선시대 양반의 꿈과 이상을 보여주는 전형적인 영웅소설임도 물론이다. 그것은 사람으로 좋은 가문에서 태어나 출세하고, 아름다운 여러 명의 부인을 거느리고, 부귀영화를 누리며 오래오래 살고 싶어 하는 인간의 보편적 욕망과도 맞닿아 있다.

『구운몽』은 성진이라는 불제자가 꿈속에서 온갖 부귀영화를 다 누렸는데 세월이 지나자 그것이 모두 덧없다는 사실을 깨닫고 다시 불교에 귀의한다는 내용이다. 제목의 '구'(九)는 주인공 성진과 8선녀 아홉 사람을 일컫고, '운'(雲)은 구름처럼 허망하다는 뜻이고, '몽'(夢)은 한바탕 꿈이라는 의미다.

이 소설은 작가가 유배지에서 창작하여 어머니 윤씨 부인을 위로하고자 했다고 알려져 있다. 그렇다면 도대체, 무엇을, 어떻게, 무슨 내용으로 어머니를 위로하고자 했던 것일까. 그 위로의 본질이 무척 궁금하지 않을 수가 없다. 그 실마리는 8부인에서 찾아야 하지 않을까 싶다.

성진은 8선녀와 석교에서 첫 만남이 이루어진 후 여인의 향기에 취해 불교에 회의를 느낀다. 이를 눈치 챈 스승 육관대사는 '그것이 네가 원하는 바라면 소원대로 해주리라'며 양소유라는 이름으로 인간세상에 환생하게 한다. 남악 위부인의 제자 8선녀도 같은 처지가 되어 인간으로 태어난다.

양소유는 어려서부터 총명하고, 과거에 합격하여 한림학사가 되고, 여러 차례 일어난 반란을 진압하여 나라에 큰 공을 세운다. 이를 계기로 여덟 명이나 되는 부인과 결혼하여 오래오래 부귀영화를 누리게 된다. 이 8부인은 전생의 8선녀이며 모두가 재자가인이지만 그 개성 또한 독특하다.

제1부인 영양공주 정경패는 음률과 가락에 조예가 깊고 재기와 기지가 넘치며 자존심이 강하다. 시비 가춘운과는 친형제처럼 자랐다. 2부인 난양공주 이소화는 천자의 친동생이다. 용모와 기질이 신선 같아 세속의 태도는 한 점도 없고 문장이 남들보다 뛰어나다. 난양이 퉁소를 불면 학이 매번 내려와 춤을 출 정도였다고 한다. 3부인 진채봉은 양소유의 첫사랑이며 가장 사랑한 여인이다. 양소유가 15세에 과거를 보러가는 도중 수양버들사이로 작은 누각이 있는 곳에서 시를 주고받으며 연을 맺는다. 구름 같은 머리가 귀밑까지 드리웠고, 옥비녀는 반쯤 기울어졌으며, 봄잠을 부족해 하는 모습까지

아름다워 형용할 수 없을 정도였다. 4부인 가춘운은 정경패의 시비다. 어려서부터 정경패와 함께 자라며 친 자매처럼 다정했다. 모시는 분과 한 남편을 섬기고 싶어 하는 마음에서 양소유의 부인이 된다.

5부인 계섬월은 당대 최고의 낙양기생이다. 마치 요대선녀가 인간 세상에 내려온 듯한 외모다. 천진교 주루에서 처음 만나고, 양소유가 연왕을 항복시키고 돌아오는 길에 재회하여 연을 맺는다. 6부인 적경홍 역시 계섬월과 함께 명기로 꼽힌다. 푸른 눈썹과 맑은 눈, 꽃 같은 보조개, 가는 허리와 가냘픈 모습이다. 북방의 궁벽한 시골집에서 태어났으며 연왕을 피해 달아나다 남장으로 만난다. 7부인 심요연은 자객이다. 변방에서 검술과 칼춤을 배우고 자랐으며, 양소유가 토번과의 전쟁에 참가했을 때 적진에서 만나는데 한 송이 해당화 같고, 목란처럼 자연 미인이다. 제 8부인 백능파는 동해 용왕의 딸이다. 남해 용왕의 아들 오현의 청을 거절한 대가로 많은 핍박을 당한다. 가문 전체가 욕을 당할 것이 두려워 양소유를 청하여 연을 맺는다.

이렇게 양소유는 여덟 부인과 어떤 아쉬움도 없이 꿈결 같은 쾌락의 절정에서 한 세상을 보낸다. 보통사람으로서는 결코 상상도 할 수 없는 일들이 모두 현실에서 이루어지고 있다. 8부인은 모두 재자가인이라는 공통점도 있지만 각자의 개성이 독특하고 도드라진다는 점이다. 요조숙녀, 시인, 시녀, 기생, 자객, 신비의 인물 등 그 폭이 넓고 크다. 어떤 경우라도 한 인간이 이 모든 장점을 골고루 갖출 수는 없다. 한 여인이 이 8부인의 개성을 모두 모아서 창조될 수 있다면 얼마나 좋겠는가마는 그것은 근원적으로 불가능한 일이다. 또한 그런 점이 인간의 한계이자 아름다움이 아니겠는가.

남자의 입장에서 곰곰이 생각해보면 이 8부인의 특징을 모두 갖춘 여인이 있을 수도 있다는 생각이 든다. 아니, 그 이상일 수도 있는 여인이 분명 존재하리라고 본다. 그 위대한 이름을 어머니라고 보면 어떨까. 그렇다, 어머니. 분명 서포에게 어머니는 8부인을 모두 합친 것보다 더 크고 소중하고 그리운 대상이었으리라. 그 본질을 어머니를 향하여 호소하고 고백하고 싶었을 것이다. 그렇게 어머니를 위로한 것이 아닐까.

김만중은 성장하면서 남다른 가정교육을 통해 어머니의 영향을 절대적으로 받은 것과도 무관하지 않으리라. 아버지 김익겸이 일찍 순절하였기에 형 만기와 함께 어머니만 의지하며 살았다. 어머니는 두형제가 아비 없이 자라는 것에 각별히 걱정하며 정성을 쏟아 부었다. 심지어는 「소학」, 「사략」, 「당률」 등의 책자를 직접 필사하여 가르쳤을 정도였다. 『조선왕조실록』에도 서포는 유배지에서 어머니의 부음을 듣고 집에 돌아갈 수 없으므로 애통해하며 울부짖다가 병이 들어 죽었다고 적고 있다. 서포에게 어머니는 그런 존재였던 것이다.

비단 서포에게만 어머니가 그렇게 지고지순한 대상일까. 어쩌면 이 땅을 살아가는 모든 남성들에게 어머니는 지엄한 존재가 아니겠는가. 재자가인 8부인을 모두 합친 것보다 더 아름답고 절대적인 여인 말이다.

오는 주말에는 나도 어머니 산소에나 한 번 들러야겠다. 그동안 일어났던 세세한 일들까지 하나도 빠짐없이 고할 것만 같다.

폭풍의 언덕

　결혼상대의 중요성을 강조하는 것은 진부한 일일지도 모른다. 그냥 무작정 좋은 사람, 물질적으로 풍요로운 사람, 지위와 명예가 높은 사람. 이 모든 조건을 갖춘 사람이 있다면 얼마나 좋을까. 서로 사랑해도 여러 이유로 결혼할 수 없는 경우도 있다. 에밀리 브론테의 소설『폭풍의 언덕』을 살펴봄으로써 이 물음을 생각해 보고자 한다.
　주인공 히드크리프는 주워온 고아다. 언쇼씨는 그가 불쌍해 집으로 데려와 키우지만 식구들은 그를 멀리한다. 새까만 얼굴, 성격조차 반항적이었다. 장남 힌드리는 특히 미워했다. 아버지가 세상을 떠나자 노골적으로 학대했으며 아예 하인으로 만들어 버린다. 히드크리프는 바로 이런 환경 속에서 사춘기를 보내게 된다.
　힌드리의 여동생 캐더린만은 그의 인격을 존중하고 함께 공부하고 다정한 벗이 되어 주었다. 캐더린은 자기의 가장 큰 형벌은 식구들이 그와 떨어져 있게 하는 것이라고 생각했다. 히드크리프 역시 캐더린만이 삶의 보람이요 희망이요 생존케 하는 절대적 가치였다.
　캐더린이 22세 되던 해, 이웃동네 명문가 에드가 린턴과 결혼하게 된다. 이때 캐더린이 얼마나 고뇌하고 가슴 아파하고 갈등했는지 당시 주위사람들과 나눈 대화를 재구성해 본다.

"넬리, 오늘 린턴이 결혼해 달라고 청을 하였고, 나는 하여간 대답을 해 주었지. 그것이 승낙이었든지 거절이었든지 밝히기 전에, 어느 쪽이 옳은 것인지 말 좀 해줘"

"그를 사랑하나요, 미스 캐디"

"무슨 소리야, 난 사랑해. 그것으로 넉넉하지 뭐"

"천만에요, 왜라고 이유를 말해요"

"잘 생겼고, 같이 있으면 기분이 좋고, 젊고 명랑하고, 나를 사랑하고, 그 이는 부자가 될 거고"

"그런데 세상에는 잘났고 부자이고 젊은 남자들이 많은걸요"

"하지만 그들은 나와 인연이 안 닿으니까"

"앞으로 만나게 될지 누가 알아요? 그도 늘 미남일 수 없고 늘 젊을 수도 없으며 늘 부자일 수도 없지요"

"지금 현재는 그렇단 말이야"

"그렇다면 끝났어요. 현재만 상관한다면 린튼씨와 결혼하세요"

"그런데 슬퍼"

"왜 슬픈지 말해 보세요"

"어느 곳에 영혼이 살든지 간에, 내 영혼과 내 가슴에서는 내가 옳지 않다고 확신하고 있어"

"그건 참 이상하네요. 도무지 영문을 모르겠네"

"그것이 내 비밀이야. 우리 집 식구들이 히드크리프를 이처럼 천하게 만들지만 않았어도, 나는 린턴과의 결혼은 생각도 안 했을 거야. 그를 사랑하는 것이, 넬리, 그가 나보다 더 내 자신이니까 그래. 우리의 영혼이 무엇으로 되어 있든, 그의 영혼과 나의 영혼은 같은 거야. 이 지상에 있는 모든 린턴이 다 녹아 없어진다 한들 나는 히드크리프를 버릴 수가 없어. 나의 가장 큰 슬픔은 곧 그의 슬픔이기 때문이야. 린턴에 대한 나의 사랑은 숲의 나뭇잎 같은 거고, 히드크리프에 대한 사랑은 그 밑의 영원한 바위 같은 거야. 넬리, 나는 히드크리프야. 그는 언제나, 언제나 내 맘에 있어. 내 자신이 나에게 기쁜 존재가 아닌 것처럼 기쁜 존재로서가 아니라 내 삶 그 자체로 살아 있는 거야"

그날 저녁 폭풍의 언덕에는 폭풍이 휘몰아쳤다. 노아의 홍수를 연상하리만큼 큰비가 내렸다. 히드크리프는 그 폭풍이 불던 날 밤 이후로 소식이 끊어졌다.

캐더린은 축복 속에서 린턴과 결혼을 했다. 하지만 히드크리프는 어느 온화한 9월의 저녁에 다시 돌아왔다. 떠난 지 3년 만이었다.

"내가 당신을 다시 보았고, 만졌고, 당신에게 말을 했다니, 믿을 수가 없어"

두 사람은 뜨겁게 포옹했다.

"캐더린, 당신 얼굴을 꼭 한 번만 보기로 한 거야. 나는 당신을 위해 싸워 왔어"

"당신의 만남으로 나는 하느님과 인류에 대해 화해를 했어. 이제부터는 어떤 고통도 견딜 수 있어. 세상에서 제일 하찮은 것이 내 뺨을 때린다 해도 나는 다른 쪽 뺨을 내줄 뿐 아니라, 그렇게 때리도록 약 올린 것에 대한 사과까지 하겠어"

캐더린은 오랜만에 행복했다. 하지만 운명의 날은 조금씩 다가오고 있었다. 임신한 몸에 병마저 들어 죽어가고 있었던 것이다. 어느 날 히드크리프가 다시 찾아왔다. 두 사람은 떨어질 줄 모르는데 린턴이 집안으로 들어오고 있는 것이다. 히드크리프는 말한다.

"캐더린, 당신은 스스로를 죽인 거야. 당신은 나를 사랑했어. 당신 같으면 자기 혼을 무덤에 묻어 두고 살겠다고 하겠어"

"이제 그만해요. 내가 잘못을 저질렀다면 난 그것 때문에 죽는 거잖아요. 나를 용서해줘요"

캐더린은 흐느꼈다. 그때 린턴이 방문 가까이 들어서고 있었다.

"난 가야겠어, 캐더린"

"가면 안돼! 아, 가지 마, 가지 말아요. 이게 마지막이야. 린턴은 우리를 해치지 않을 거예요. 히드크리프, 나는 죽어, 나는 죽는단 말이에요"

이때 린턴이 방안으로 들어오며 놀람과 분노로 하얗게 질려 버렸다. 그날 밤 12시경 캐더린은 칠삭동이를 낳고 죽는다.

캐더린이 그렇게 죽던 날 밤, 히드크리프는 정원의 낙엽송 밑에서 노목에 몸을 의지하고 가슴만 태우고 있을 뿐이었다. 그 이후 캐더린의 영혼은 어린 시절 그가 히드크리프와 함께 자라고 놀던 폭풍의 언덕 2층 방에 나타난다. 그리고 그 영혼은 말한다.

"나를 안에 들여보내 주세요. 지금 돌아 왔어요. 연못이 있는 곳에서 길을 잃었어요. 그리고 20년 동안 매일같이 여기에만 있었어요"

히드크리프는 창문을 열고 울면서 대답한다.

"들어와 다오 캐더린, 들어와 다오. 나의 캐더린. 이번만은 내 말을 들어다오"

그러던 어느 날 밤, 히드크리프도 창밖으로 몸을 반쯤 내민 채 비를 맞으며 쓰러져 죽는다. 눈도 감지 않은 채. 시체는 생전에 그가 말한 대로 캐더린 옆에 묻혔다.

애절한 사랑의 이야기다. 물론 히드크리프도 린턴의 동생 이사벨라와 결혼을 했다. 이 결혼의 의미는 무엇이겠는가. 혹자들은 이 작품을 두고 두 명문가에 대한 히드크리프의 복수과정을 그렸다 하고, 히드크리프 개인에 관한 인물중심으로 해석을 한다. 이 소설은 히드크리프라는 고아로 인해 전통 있는 두 집안이 2대에 걸쳐 고민하게 되는 40년간의 이야기다.

이 소설은 히드크리프와 캐더린의 사랑에서 풀어야 한다고 본다. 이 세상에는 또 다른 히드크리프와 캐더린이 얼마나 많을까. 아니면 또 다른 캐더린과 에드가 린턴, 히드크리프와 에드가 이사벨라. 인간은 스스로 만든 제도라는 굴레 때문에, 도덕과 체면이라는 가식 때문에, 그 틀에서 빠져 나가지 못하는 것은 아닐까. 지금 이 순간도 또 다른 히드크리프와 캐더린을 만들어 내고 있지는 않을까.

여자의 자존심
― 부활의 카츄샤를 생각하며

봄은 다시금 찾아 들었다. 작은 참새와 비둘기들도 봄을 맞아 몹시 즐거운 듯 보였고, 파리들조차 바삐 날아 다녔다. 하지만 사람들-나이 든 어른-만은 여전히 자신뿐 아니라 서로를 속이고 괴롭혔다.

『부활』은 이렇게 시작된다.

부활, 1899년 톨스토이가 71세 때 발표한 소설, 프랑스의 작가이자 사상가인 로망 롤랑이 "부활은 톨스토이의 예술적 성서"라고 극찬한 작품. 그 줄거리는 간단한 구조로 되어 있다.

한 남성에게 버림받아 자포자기한 여인이 흔히 그러하듯 창녀의 길을 걷게 되고, 설상가상으로 살인사건에 연루되어 시베리아 유형의 판결을 받는 자리에서 그 옛날 여인을 농락했던 남자가 우연히 배심원으로 참관했다가 여인을 알아보고 지난날 철없이 저질렀던 과오를 깨닫고 뉘우치게 되어 그녀와 운명을 함께 하리라 결심하고 실행한다는 내용이다. 그 남자 주인공의 이름은 '드미트리 이바노비치 네프류도프' 공작이요, 여인은 '카츄샤'로 불리는 '예카체리나 미하일로바 마슬로바'다.

행간에 흐르는 의미, 상황에 따른 묘사와 서술, 작가의 예리한 판단력과 기지, 대화를 통해서 나타내고자 하는 사상, 주인공들의 고뇌에 찬 상념들, 독특하고 개성 있는 문체 등이 유기적으로 어울려 커다란 의미와 감동을 준다. 톨스토이는 이 작품을 통해 무엇을 말하고자 했을까. 마지막 장을 덮었을 때의 심정이란 묘하다. 어쩐지 슬프고 긴 회한이 가슴속 깊은 곳을 흔든다. 그 복합적인 문제들을 생각해 보고자 한다.

이 소설의 첫 부분이 암시하는 바와 같이 제정러시아 시대의 암울한 분위기와 민중들의 고통스런 삶, 그 위에 군림하는 정부와 관료와 종교를 얘기한다. 그러한 억압과 굴욕 아래서도 대다수 민중들의 진실한 삶에 대한 염원은 새싹처럼 끈질기게 생명력을 유지하고 있다. 톨스토이는 스스로가 속한 귀족계층을 향한 신랄한 비판과 노예생활과도 같은 농민, 노동자들의 비인간적 삶에 연민과 동정을 보낸다. 또한 지배계층이 암적인 존재로 치부하는 온갖 형태의 죄인들을 등장시켜 인간이 만든 제도의 모순과 부조리들을 적나라하게 고발하고 종교의 허구성에 대한 비판도 서슴지 않는다.

또한 이 작품은 한 인간이 어떤 이념과 가치관을 가지고 한 생애를 살아야 할 것인가 하는 화두에 대하여 진지한 대답을 해준다. 어떻게 사느냐의 문제는 어떻게 죽느냐의 문제와도 같은 맥락이다. 인간은 분명 자기 자신의 안일만을 위하여 사는 존재만은 아닐 것이다. 자기 몸 하나, 가족만을 위한 삶이라면 그것은 동물과도 크게 다를 바가 없다. 그래서 진리를 찾아 나서기도 하고, 예술을 위하여, 가치 있는 것을 위하여, 삶을 헌신하기도 하는 것이리라. 온갖 가난과 억압을 물리치며 신념을 위해 죽어가기도 하는 것이다.

네프류도프나 카츄샤의 삶이 그렇다. 네프류도프는 상류계급 사회의 공작이다. 그런 그가 한갓 창녀의 신분이자, 죄수인 여인을 위하여 일생 모두를 희생한다는 것은 상식을 초월한다. 카츄샤를 법정 안에서 발견한 후 수많은 번민을 통하여 마침내 모든 세속적인 것을 포기하고 그녀를 구원하기로 결심하게 되는 결단. 이것이야말로 죽었던 삶에서 다시 깨어나는 '부활'의 의미가 아니겠는가. 이때 그는 그가 속한 귀족사회로부터, 가족 친지로부터, 엄청난 지탄을 받게 될 것이지만, 시베리아까지 가는 동안 죄수들에게도 결코 환영받지 못한다. 하지만 그 모든 어려움을 이겨내고 스스로 생각한 진실을 위해서 굳건히 일어서는 숭고한 인물이다.

카츄샤도 마찬가지다. 네프류도프가 청혼을 했을 때 그 행운을 거절한다. 그를 사랑하지 않아서가 아니라 그녀에게는 돈과 명예가 삶의 목적이 아니기 때문이다. 이미 자기의 잘못을 뉘우치고 속죄하는 한 남자에게 오히려 평화와 행복을 기원해 주고 싶은 것이 진실이다. 이 얼마나 고고한 여인의 자존심인가. 인간이란 결코 빵만을 위하여 사는 존재가 아니라, 보다 크고 위대한 이상을 위하여 산다는 것을 카츄샤는 보여주는 것이리라.

부활은 애절한 사랑의 문제를 심도 있게 다룬다. 이념이니, 계급이니, 정의니, 등등의 문제를 떠나서라도, 두 남녀의 사랑 문제를 놓치지 않는다. 배경과 이유야 어찌 되었건 이 두 사람이 결국에 가서는 결혼해 주기를 하는 바람이었다. 카츄샤는 결국 네프류도프의 청혼을 물리치고 같은 죄수인 정치범 '시몬손'과 결혼을 결심하게 된다.

여기서 잠깐, 청혼을 거절해야만 하는 카츄샤의 이야기를 인용해 본다. 두 사람의 마지막 대화다.

"제가 어떻게 다른 사람과 결혼을 할 수 있어요, 이런 징역수로서. 그리고 당신의 인생까지 망쳐 놓을 이유가 뭐 있나요" 카츄샤는 또 말한다. "당신이 원하는 것에 응하지 않는다고 해서 나쁘게 생각하진 말아주세요. 모든 게 이렇게 되어 버렸어요. 그리고 당신도 살아가셔야 하잖아요. 당신이 이런 곳에서 고생할 이유가 없어요. 지금까지만으로도 당신의 의무는 충분해요. 용서하세요"

'안녕히 가세요' 대신 '용서하세요'라고 말할 때 카츄샤의 의미심장한 눈빛과 서글픈 미소에서 네프류도프는 '시몬손을 사랑하기 때문에 나의 희생을 원하지 않음이 아니라, 나에 대한 사랑으로 나의 행복을 위해, 나와의 관계를 영원히 끊으려 함'을 알게 되는 것이다. 결국 그녀는 네프류도프를 사랑하기 때문에, 그의 일생을 망치게 됨을 방지하고 시몬손과 함께 떠나 그를 의무감에서 벗어나게 해 주려 했던 것이다.

종교의 허구에 대한 예리한 비판도 가하며 성서 속에서 새로운 삶의 의미를 이끌어내고 있다. 이 소설의 마지막 부분, 네프류도프의 생각을 정리해 본다.

우리가 이 세상에 보내졌다면, 그건 누군가의 의지에 의해서 어떤 목적을 위해 보내졌음이 분명하다. 그런데도 우리는 자신의 쾌락만을 찾고 있다. 그렇다면 포도밭 주인의 의사에 복종치 않았던 농부들이 벌 받은 것처럼 고통 받으리란 건 틀림없는 사실이다. [.....] '너희들이 먼저 하느님의 왕국과 그 정의를 구하면 나머지는 모두 너희에게 돌아갈 것이다'라고 했는데, 우리는 그 밖의 것을 찾고 있다. 그러므로 찾을 수가 없는 것이다.

미래서정을 위하여

계간문예지 『서정시학』이 1993년 김명복, 박정래 두 시인을 첫 배출한 이래 20년의 세월이 흐르고 있습니다. 이제 '서정시학회'의 주소록에는 40여명의 회원이 그 이름을 올리게 되었습니다. 한 지역에서 몇몇 문인만 모여도 동인지를 발간하는 현실에서 우리는 그동안 우리의 힘을 모아 세상을 향해 아무런 발언도 하지 않았습니다.

소리가 무성하고 난무하는 시대, 소리 큰 사람에게 대중들의 관심이 쏠리는 시대, 그것이 설령 참된 진리라 할지라도 침묵하는 절대다수의 주목을 받기는 어려울 것입니다. 이러한 시대의 감각적인 발언은 오히려 또 하나의 공해를 더할 수도 있다는 의구심을 가질 때가 있었습니다.

우리는 '서정'이 얼마나 깊고 넓은지를 알고 있습니다. 얼마나 다양한 빛깔과 독특한 개성으로 존재하는가도 주지하는 바입니다. 더구나 미래사회는 규정되고 틀지어진 서정이 아니라 더 폭 넓고 정밀한 서정의 시대가 열릴 것이라 생각합니다. 우리 서정시학회가 그러한 미래의 서정을 감당해 보겠다는 당찬 포부입니다.

각자의 개성과 빛깔로 영원한 서정성을 가꾸기 위해 한걸음씩 뚜벅뚜벅 걸어가고자 합니다. 서정의 힘이야말로 우리 자신을 긍정적으로 변화시키고 세계를 아름답게 가꾸어 삶을 풍요롭게 할 것임을 확신하는 것입니다.

늦었다고 생각되지 않기에 서두르지도 않았습니다. 이제는 때가 되었다고 생각할 뿐입니다. 시 평론 수필 장르는 달리하지만 문학이라는 울타리와 『서정시학』의 깃발아래 『미래서정』 창간호가 태어나게 되었습니다.

20년 세월의 내공이 밑바탕에 흐르고 있다는 자부심도 가집니다. 문단에서 주목받고, 독특한 개성으로 미래문학을 이끌어나갈 문인들이 우후죽순처럼 돋아날 것이라는 믿음을 가져봅니다.

참 많이도 설렙니다. 그럼에도 세상에서 가장 겸허한 마음과 낮은 자세로 출발선에 섰습니다. 여러 선후배 선생님들의 따뜻한 시선과 독자들의 지속적인 관심을 기다리고자 합니다.

'서정시학회'를 탄생시킨 최동호 교수님께 깊은 신뢰와 존경의 마음을 전하며, 『서정시학』과 『미래서정』이 왕성한 생명력으로 우리 시대를 넘어 다음 시대까지 길이길이 이어지길 간절히 소망해 봅니다.

감사합니다.

진등재수필 창간호가 나오던 날

오랜만에 꿈을 꾸었다. 『진등재수필』 창간호 출간을 앞둔 3월 어느 날 밤의 일이다.

머릿골 고향집 마당에서 북편 진등재 방향으로 바라보는데 산세가 예사롭지 않았다. 평소에 보던 익숙하고 아기자기한 능선이 아니라 저기, 설악산이나 히말라야 같은 경이롭고 기품서린 명산의 산세가 병풍처럼 둘러쳐진 것이 아닌가. 그래도 진등재만은 선명하게 그 자리를 잡고 있었다. 그런데 푹 들어간 진등재 뒤로 동그랗고 커다란 달덩이 같은 것이 하얗게 솟아 있는 것이다. 둥근 물체의 하단 부위에는 희끄무레한 바위도 박혀 있었는데, 그 곳에 불이 켜지면 세상이 환히 밝을 것만 같았다. 흰 흔적만 있고 아직 불이 켜진 상태는 아니었지만 그 부분이 너무나 분명했다. 그게 신의 현현이라 생각되기도 하고 절대자의 흔적을 보여주는 것이라 여겼다. 진등재는 결코 머릿골의 작은 산이 아니라, 세상을 밝힐 수 있는 기운이 잠재되어 있는 희망의 땅이라는 사실이 가슴을 뜨겁게 했다. 아버지께서는 마당을 쓸고 계시며 손님 맞을 준비를 단단히 하라고 내게 일러주셨다. 너무나 선명한 봄날 밤의 꿈이었다.

출판기념식은 봄꽃이 만개하는 4월 3일, 머릿골 진등재에서 하기로 잡혀있다. 먼저, 선생님께 그간의 정황을 말씀드리고 기념식 때 참석하셨으면 좋겠다는 의사를 밝혔다. '그렇잖아도 자네 고향에 꼭 한번 방문하고 싶었는데 이번 기회에 특별한 일정이 없으면 가겠다.'고 하신다. 하지만 그 무렵, 중요한 공적업무로 교수님의 머릿골 방문은 미루어질 수밖에 없다.

드디어 당일 아침이 왔다. 온 천지가 꽃으로 치장된 세상에 봄비가 억수같이 내린다. 가뭄 끝의 단비라 꽃놀이를 가지 못해도 좋을 만큼 환호성이다. 온종일 내릴 것이라 한다. 비의 의미를 생각하며 행사를 진행할 수밖에 없다. 10시 30분, 승일이와 1차 모임 장소인 마산대에 도착하니 모두들 분주하게 움직이고 있다. 20명의 회원들이 다섯 대의 승용차로 나누어 타고 출발을 한다. 함안, 정곡을 거쳐 모교 신반중학교에서 의령문협 양창호 회장과 회원님들, 김유섭 시인을 반갑게 만난다. 중학생 시절에는 여기서부터 머릿골까지 20리를 걸어서 다니던 길을 따라 여덟 대의 승용차가 줄을 지어 빗속을 뚫고 올라간다.

정오쯤 머릿골에 도착하니 준비차 먼저 올라간 동생 남조와 남경이가 나와서 주차를 도와주니 순조롭다. 비는 계속 내린다. 폐가가 된 우리 집으로 일행을 안내한다. 마당이 비좁다. 어머니, 아버지가 살아 계셨더라면 얼마나 반갑게 맞아주셨을까 생각하니 눈시울이 붉어진다. 빗줄기 사이로 진등재를 바라보니 희미하나마 그 모습을 보여주어 참 다행이다. 하얀 구름떼로 능선을 모두 가려버렸다면 많이도 안타까웠을텐데 말이다. 잠시 동안이지만 진등재를 향하여 각자 문학적 사연들을 소통하고 상상할 수 있음에 위안을 삼아야 하리라.

행사는 종가의 재실 사당에서 진행하기로 한다. 병풍을 치고 제물을 진설하고 향을 피우며 준비를 끝낸다. 그동안 회원들이 오늘을 위하여 일사불란하게 정성을 다해 왔다. 시산제 형식에다 출판기념식을 더하여 창의적인 식순도 마련하였다. 이장중 수필가가 최동호 교수님의 여는시「명검」을 낭송하는 것으로 의식은 시작된다. 임희주 선생이 창간 축시를 읽고, 남경이가 창간사「진등재 이야기」를 낭독한다. 그 행간을 이용하여 강신, 참신, 초헌, 독축, 아헌, 종헌이 진행된다. 강천 수필가의 낭랑한 독축 소리도 숙연한 분위기를 만든다. 송신근 회장의 인사말, 양창호 시인과 이성모 교수의 축사에서 출판기념회의 절정을 이룬다. 나는 신의 강림을 기원하는 '강신' 의식에서 3배를 올리며 엎드려 이렇게 기원했다.

진등재 신령님이시여. 백남오 삼가 고하나이다. 머릿골에서 태어나 자라고, 13세때 객지로 나간 불초소인은 만 50년만에 고향으로 돌아왔습니다. 그동안 이 척박한 땅을 한 번도 잊은 적 없이 스승을 만나 작가가 되고, 어린 시절 뛰놀던 동산의 이름으로 문학회를 만들고, 동인지 창간호를 출판하여, 문우 30명과 함께 고향땅을 밟았습니다. 이 가슴 벅찬 날, 부디 강림하시어 소망을 들어주소서. 진등재의 이름으로 문학회를 창립한 것을 받아들여 주시옵소서. 저 개인의 영달을 허락하지 마옵시고 진등재문학회서 빛나는 문학 인재들이 줄줄이 배출되어 그들에게 월계관을 씌워주소서. 그리하여 꿈속에서 보았던 그 하얀 바위 등에 환하게 불을 밝혀 진등재가 문학의 빛으로 영원하게 하소서.

이어 '진등재수필문학상' 시상에 들어간다. 수필문단을 더 깊고 풍요롭게 하며, 수필문학의 발전에 밀알이 되고자 창간기념식에 맞추어 제정된 상이다. 영예의 1회 수상자는 「언니의 행복」이란 작품의 진부자 수필가에게 돌아갔다. 환갑이 넘어 문학에 입문하고, 칠순이 지났는데도 소녀 같은 감성으로 수필에 매진하는 열정에 모두들 뜨거운 격려를 보낸다.

의식이 모두 끝나고 준비해온 음식으로 점심식사까지 마쳤는데도 비는 계속 내린다. 추억서린 진등재 중턱까지 걷기로 한다. 빗속에서 꽃들은 미소를 머금고 천지에 분분하다. 새싹들도 생기를 뿜으며 푸른빛을 발산해 낸다. 벚꽃도 지천이지만 복숭아꽃 살구꽃 아기진달래까지 피어서 꿈속의 꽃길로 착각하게 하는 마력을 부린다. 고향산천의 축복어린 환송이다. 이상하게도 오늘 문우들은 이 머릿골이 서러울 정도로 아름다워서 눈물이 날 지경이라고 한다. 글을 쓰지 않고서는 도저히 배겨내지 못할 곳이라고도 입을 모은다. 하지만 나는 안다. 4월은 죽은 땅에서 라일락을 피우며 봄비로 잠든 뿌리를 휘젓는다는 것을. 작은 오솔길은 꽃대궐을 이루고 꽃비가 쏟아지니 마음이 먼저 취해 버렸다는 사실을.

꽃 속에서 나도 함께 취하고 만다. 그래, 다 좋다, 너무 좋다. 내 문학의 원형이 이렇게도 부끄러운 곳이라고, 꼭꼭 묻어 두었던 아픔을 이 순간부터 툭툭 털어버리려 한다. 머릿골 진등재가 아름다운 문학의 이름으로 태어나는 날이다.

수필집 『행복한 정원』

한 해의 결실을 갈무리하는 시간입니다. 불과 20주의 짧은 시간이지만 풍성한 수확이라 생각합니다.

생각을 정리하여 문장을 만들고, 그 속에 철학적 깊이를 불어넣어 감동적인 작품을 창작하는 일이 쉽지만은 않습니다. 아니, 그것은 매우 어려운 일이기도 합니다. 그럼에도 불과 1년이란 시간에 이렇게 주옥같은 수필을 쏟아낼 수 있음은 그동안 얼마나 치열하게 공부하고 문학에 대한 열정을 불태웠는가를 보여주는 증표가 아닐까 싶습니다.

그랬습니다. 제가 꽃잎 흐드러진 4월 어느 날 이곳 노비산 언덕의 창원 시립 마산문학관에 수필강의를 위하여 달려온 첫 시간이 생생하게 기억납니다. 20대 청년부터 80대 어르신까지, 교실을 꽉 메운 의지에 찬 눈빛을 잊을 수가 없습니다. 글을 쓰고 문학을 하는 일이 밥이 되고 옷이 되는 시대도 아닌데, 이렇게 귀중한 시간을 내어 이분들은 무엇을 위하여 여기에 오셨는지 감동이 아닐 수가 없었습니다.

우리 선생님들은 이미 인생을 통찰하고 그 중심에 문학이 얼마나 소중한 보물인지를 깨달았던 것입니다. 한평생 살면서 맺힌 수많은 회한들과 상처를 글로 풀어냄으로써 치유할 수 있다는 진리를 알고 있었던 것입니다. 그리하여 자신의 사색적 결과와 철학을 담은 책 한권을 세상에 남기는 일이야말로 큰 보람이요, 자식들에게도 그 어떤 귀중한 유산보다 값지다는 사실을 체득하셨던 것입니다. 이런 분들에게 제가 할 수 있었던 것은 그냥 위로와 격려가 전부였을 뿐입니다. 주로 이런 내용입니다.

 잘 쓰려고 하지 마십시오. 자신이 가장 잘할 수 있는 얘기 하나를 친한 친구에게 편지를 쓰듯이 조곤조곤 풀어내 보세요. 욕심 부리지도 마세요. 그냥 손 가는 대로, 있는 그대로, 체험한 사실 그대로, 써 보세요. 억지로 꾸미려고 하지도 마세요. 글은 잘 쓰는 것도 중요하겠지만 오래오래 평생을 함께 가는 열정이 더 중요합니다. 문학을 향한 열정이 재능이라는 사실을 잊어서는 안 됩니다. 힘든 책을 억지로 읽으려고도 하지 마십시오. 심심하면 둘레길이라도 걸으면서 이런저런 생각을 하다보면 책에서보다 더 좋은 영감을 떠올릴 수도 있습니다. 그것을 진솔하게 종이위에 옮겨보십시오. 그렇게 작품은 창작되는 것이라 생각합니다.

 『행복한 정원』이란 이름으로 이 책에 발표되는 수필은 그런 공부의 결과물입니다. 이 과정에서 두 명의 등단 수필가까지 배출한 것은 행운입니다.

 문학적 위상에서 본다면 많이 부족할 수도 있겠지만 한 술 밥에 배부를 수는 없습니다. 천리 길을 가는데 겨우 한걸음 떼 놓았을 뿐입니다. 이제 시작입니다. 뚜벅뚜벅 한걸음씩 쉬지 않고 갈 것입니다. 이런 평생의 여정에서 큰 울림을 주는 글 한편 나올 것이란 믿음이 있습니다. 미처 작품을 완성하지 못하여 이번 책에 실리지 못한 선생님들은 다음 책에는 꼭 발표의 기회를 가지시길 바랍니다.
우리 선생님들 정말 자랑스럽습니다. 수고하셨습니다. 감사합니다.

수필, 그 15매의 마력

 인문학의 종말을 예언하고 염려하는 시대를 살고 있다. 앨빈커넌이 선언한 문학의 죽음이 곳곳에서 감지되고 있음도 사실이다. 인공지능이 인간을 능가하는 최첨단시대를 현실로 맞이한 것이다.
 미래사회의 시인은 소그룹으로 전락하거나 취미 단체에 머물 것이라는 견해는 매우 설득력이 있다. 이런 시점에서 강력한 체험을 정체성으로 하는 수필이야말로 새로운 시대 문학의 대안으로 떠오르고 있음은 고무적이다.
 수필은 문학의 큰 갈래인 서정, 서사, 극, 교술 중 교술의 중심에 있다. 어떤 측면에서도 그 영역이 확고하다. 이를 근거로 수필에 대한 다양한 정의들이 있지만, 작가가 체험을 통한 철학적 깨달음을 교술성을 바탕으로 한 수필적 구성과 문장으로 형상화한 가장 인간적인 문학이라는 것이 나의 견해다.
 수필은 디지털 문화 환경에 매우 적합한 매체다. 절제된 언어와 서사적 재미, 극적인 스릴까지 모든 장르의 장점을 두루 갖추었다. 다양하면서도 개인중심적인 첨단 스마트시대에서는 추상적인 관념을 고도의 비유로 노래하거나, 허구적이고 고루한 삶의 얘기는 독자들의 관심에서 멀어질 것으로 본다.

수필은 15매 전후의 형식 속에 한 영혼의 가장 깊고 미세한 풍경을 고스란히 그려낼 수가 있다. 때로는 짧아서 아쉬운 시와 너무 길어서 읽기 힘든 소설의 지루함까지 15매 속에 녹여낸다. 우주를 표현할 수 있고 인류의 정신사까지 담을 수 있음도 물론이다. 15매라는 틀 속에 문학의 다양한 미적 장치를 구비하여 깊게, 때로는 폭넓게 감동을 준다. 이 얼마나 매력 넘치는 문학인가. 나는 이것을 매력을 넘어선 수필의 마력이라 부른다. 수필쓰기에 깊게 빠져드는 이유다.

마음에 울림을 주는 수필이라면 독자들은 더욱 환호할 것이다. 찰스 램의 『엘리아 수필』 몽테뉴의 『수상록』 파스칼의 『팡세』를 들먹일 필요도 없다. 우리나라 정철의 『관동별곡』 정비석의 『산정무한』은 감동적인 명수필로 회자된다. 이를 뛰어넘는 새로운 시대의 작품이 요구되고 있다. 예술은 늘 새로움을 창조해 가는 과정이 아닌가. 가슴을 찌르고 울리는 감동, 향기 있는 유머와 빛나는 위트, 고매한 정서적 논리, 인간에 대한 뜨거운 사랑과 통찰이 있는 수필은 어느 시대의 독자에게도 통용되는 덕목이리라.

수필가들이 극복해야 할 과제도 많다. 치열한 작가정신과 열정이 우선되어야 한다. 수필은 수필가만의 전유물이 아니다. 시인, 소설가, 극작가, 평론가가 쓰는 수필이 더 격조 높을 수 있음을 알아야겠다. 예리한 메시지와 신선하고 매력적인 소재를 찾고 표현방법에 대해 고민해야 할 일이다. 미적인 울림이 감성과 이성의 눈을 뛰어넘어 본질적 깨달음에 도달하는 영적(靈的)경지까지 승화될 수 있어야 한다. 새롭고 실험적인 수필로 독자들을 감동시키면 더욱 좋다. 그래야 문학의 본류로서 견고한 자리를 잡고 미래문학의 중심으로 대접받게 될 것이다.

  문학적 향기가 묻어나는 격조 높은 문장을 창출해야 한다. 수필문장은 산문이면서도 정서를 강조하고 함축과 리듬이 중시된다. 수필은 본성적으로 소설과 시의 중간적 속성을 취한다. 이러한 특성은 예로부터 전통적으로 계승된 문장론의 유산이란 점을 주목할 필요가 있다. 그것은 고려조와 조선조를 거쳐 근현대에 이르는 동안 무수한 시행착오를 거쳐 이어져온 우리 문장의 미덕이다. 수필문장은 고도로 세련된 아이러니의 변증법을 통해 독특한 이중적 문장미학을 구축한다. 절차탁마의 장인적 수련을 통해서 얻을 수 있는 달관의 문장술이다.

  수세기동안 문학사를 지배해온 시, 소설, 희곡이 수필의 문장과 형식을 혼용하는 현실로 접어들었다. 견고한 3분법의 벽이 허물어지면서 수필은 새로운 세기를 이끌어갈 장르로 부각하고 있다. 문학을 꿈꾸는 이들은 수필이, 문학이 사라진 시대의 대안이라는 사실을 명심해 주었으면 좋겠다. 분명, 수필시대를 준비해야 한다.

제2부 지리산 푸른 바람과 그리움과

지리산 외고개에 가고 싶다

 지리산 외고개에 가고 싶다.
 어느 화사한 가을날, 억새의 무리가 은빛물결로 일렁이며 반가움으로 맞이해 주던 그리운 언덕. 사람의 키보다도 더 큰 억새가 산상의 화원을 연출하던 작은 고개. 가을햇살을 받아 금빛은빛 색채의 조화로 형형색색 반짝이던 곳. 사람의 손으로 개간한 듯한 푸른 벌판이 보이고 오른쪽 오봉마을 쪽으로 내려가고 싶은 유혹으로 애태웠던 외고개에 가고 싶다.
 그 외고개가 유달리 그리운 날들이다. 마지막 남은 잎새까지 바람에 떨어져버린 황량한 늦가을 탓일까. 세상 사람들 모두가 쌀쌀하게 찬바람을 일으키고 오래된 벗과 사랑하던 사람들마저도 이기적인 충돌로 가슴 한 켠 바람이 인다 해도 외고개에 가면 그 모든 아픔들을 따스하게 녹여줄 것만 같다. 외고개는 외로운 고개가 아니라 외로움을 달래주는 위안의 고개로 각인되어 있기 때문일까.
 지리산 동부능선상의 새봉과 왕등재 사이에 조붓하게 자리하고 있는 아름답고 작은 평원. 외고개는 지리산 태극종주길이 통과하는 길목이며 사거리의 갈림길이다. 북사면으로 넘어서면 산청군 금서면 오봉리 오봉마을로 하산하게 되고, 남쪽으로 내려가면 삼장면 유평리 외곡마을을 만난다.

그해 9월, 처음 만난 외고개는 마치 세상에서 가장 편한 연인처럼 대해주었고 어머니의 믿음과 든든함으로 자신감을 선물하였지. 벌써 그 순간이 수년 전이 되고 말았으니 세월의 무상함에 다시 한 번 놀라지 않을 수가 없다. 하루의 시간들은 참 지루하고 기나긴 밤을 보내기가 고통스러울 때도 있지만 인생이란 큰 틀에서 보면 시간은 너무나도 빨리 흘러가는 것만 같다. 어제 같은 일도 몇 년 전의 일과 같고 청년시절의 한 토막이 그저께 같은데 문득 외로운 황혼으로 치닫고 있으니 말이다.

그래서 요즘 들어 자꾸만 외고개에 가고 싶은 것일까. 계절 탓만은 아닐 것이다. 크고 넓은 지리산이란 영토 속에서도 왜 작은 외고개가 부르는 것일까. 그만큼 자신이 작아지고 왜소해지고 용기도 없어지고 쇠약해졌기 때문일까. 어쩌면 주위에 있던 따스한 벗들, 마냥 좋아했던 사람들이 떠나려 하고 있기 때문일지도 모를 일이다. 그것이 어쩔 수 없는 인지상정인줄 알면서도 가슴에 이는 허허로운 바람은 막을 길이 없다.

을미년 송년 산행을 외고개로 잡는다. 12월 6일, 오봉마을의 아침은 변함없이 포근하게 감싸준다. 동부능선쪽 임도를 따라 우측으로 한참 오르다 보니 외고개의 초입이 열린다. 소복하게 내린 눈길을 따라 산의 경사면을 오른다. 이번 겨울의 첫눈을 이렇게 맞이한다. 외고개를 오르는 가장 빠른 길이기도 하다. 한줄기 땀방울을 쏟아내고 나니 곧바로 작은 안부다.

내면에서 작은 탄성이 터져 나온다. '외고개'는 그 자리 있었기 때문일까. 행여나 누가 떼어다가 다른 곳으로 옮겨놓지는 않았을까 얼마나 걱정을 했는데, 정말 다행이 아닐 수가 없다. 울렁이는 가슴을 억누르며 주위를 찬찬히 살펴본다. 빨간 오미자도 주렁주렁 달린 돌배나무 열매도 보이지 않는다. 당당하던 억새의 무리도 앙상하게 말라서 겨울바람 앞에 그 위세를 잃어버렸다. 그 위로는 희끗희끗한 눈발까지 뒤덮여 지난 세월은 이미 역사의 장으로 묻히고 말았다. 나무들은 으스스 몸을 움츠리면서도 오랜만에 찾아온 산나그네를 반갑게 맞아주고 있다. 차라리 모든 것을 벗어 던져버리고 나니 세상이 편하게 보인다고 웅변해주는 것만 같다. 자연의 위로가 인간보다 더 따뜻할 수도 있다는 생각을 깊이 새겨두는 순간이기도 하다. 이제라도 사람의 사랑과 위안 없이도 살아야 한다는 굳은 결심을 다져본다.

동쪽 왕등재를 향하여 오르는 능선은 가파르고 눈 속에 묻혔지만 포근하고 다정하다. 가끔씩 조망되는 주능선 쪽의 천왕봉과 중봉의 산군들이 흰 눈을 덮어쓴 채로 웃어준다. 얼마나 보고 싶었던 모습인가. 내 안에 쌓여있던 어둡고 황량한 그림자들이 말끔히 지워지는 것만 같다. 나는 이렇게 지리산을 떠나서 살 수가 없지만 몸은 젊음의 푸른 시간들을 지나오고 말았다. 다시 돌아갈 수 없는 대자연의 순리이기에 추억이나마 되새김질할 수 있는 시간을 행복이라 받아들여야 하리.

'왕등재습지'도 설국으로 변해있다. 하얀 세계는 숫잔대도, 꽃창포도, 뻐꾹나리도, 흰제비난도, 산골조개도 이름만 안내간판에 새겨둔 채로 평온하게 잠들었다. 가락국의 구형왕이 신라에 항전하며 쌓았다는 토성이 습지를 편안하게 감싸주니 또 하나의 이상향이 펼쳐지고 있음이 분명하다.

그 토성 뒤에서 2시간이나 머물며 점심을 먹는다. 토성 위로 눈이 소복이 쌓여있으니 천년도 더 지난 세월이건만 인공성의 모습이 선명하게 윤곽을 드러낸다. 그 옛날, 이 높은 곳에 어떻게 이렇게 거대한 토성을 축조했을까를 생각하니 구형왕과 가락국의 백성들이 얼마나 신비로운 힘을 가졌던가를 생각하게 된다.

토성 뒤로 난 길을 따라 저기 저 왕산까지, 구형왕이 신라군에 쫓겨 가던 길을 따라 하산을 시작한다. 아주 평탄할거라 상상했는데 길은 거칠고 험하다. 눈 쌓인 비탈길을 2시간 정도 내려가는 내내 잠시도 긴장감을 떨칠 수가 없다. 하지만 구형왕의 아픔을 함께하며 꼭 한번 걷고 싶었던 길이기에 엉덩방아를 몇 번이나 찧어도 마음은 가볍기만 하다. 나라를 신라에 바치고 이 눈물의 능선을 내려오던 구형왕의 심경은 얼마나 고독하고 아팠을까.

'고동재'에 떨어지니 산행 7시간이 훌쩍 지난다. 지나온 왕등재는 하늘처럼 아득하기만 하고, 왕산은 바로 앞에서 미소짓는다. 나는 억겁을 혼자서 이 자리에 있지만 외롭지도 슬프지도 않다고 위로해 주고 있다. 흥망성쇠니 외로움이니 하는 말들은 백년도 살지 못하는 너희 인간들의 논리일 뿐이라고 다독여주는 것만 같다.

지리산 종석대의 종소리

그 옛날 수행자들은 어떤 길 위에서 깨달음의 꽃을 피웠을까. 고승들이 걸으셨던 현장에서 스스로를 돌아보고 지난 세월의 회한과 아쉬움을 다독이며 새로운 삶의 길을 염원해보고 싶다. 병신년 새해 첫 산행은 전설속의 성지 종석대와 그 주인공 우번 대사의 길을 따라 나서본다.

신새벽 남해고속도로의 지독한 안개지대를 통과하고 '황전나들목'을 지나 2시간 반을 달려 전남 구례군 광의면의 '천은사'에 도착하니 8시다. 절 뒤 쪽으로 난 계곡을 끼고 오르는 길은 아득하고 포근하게 우리를 반긴다. 청아하게 흐르는 물소리까지 세파에 지친 영혼을 위로해 주는 것만 같다.

겨울 숲 사이로 있는 듯 없는 듯 정겹게 나있는 길을 따라 걷는다. 천년 전부터 도통성불을 바라는 승려들이 수없이도 오르내리던 성소다. 천은사를 세운 신라의 덕운 조사도 우번 대사도 이 길을 따라 상선암과 종석대를 올랐으리라.

2시간쯤 후에 성삼재로 이어지는 도로를 횡단하고 조금 지나니 작고 아름다운 까만 '나무다리' 하나가 단아하게 앉아있다. 순간적으로 건성오도의 색깔이 있다면 이런 것일 거라고 생각해 본다. 다리를 지나고 고도를 조금 높이자 저위 언덕으로 그리던 상선암이 한 자락 모습을 보인다.

고도 800에 자리 잡은 '상선암'. 신라의 도승 우번 조사가 젊은 시절 이곳에서 9년 동안 좌선수도를 하던 중 아름다운 여인의 향기에 이끌려 종석대를 향하여 따라 나섰다는 전설속의 암자. 천 년도 더 되어 보이는 느티나무 한 그루를 마당 앞에 세워 두고 커다란 바위를 등지고 둥지를 틀었다. 구례들판을 향하여 펼쳐지는 정경은 미욱한 사람이 보아도 천혜의 명당이다. 구만들 위로는 자욱한 구름떼가 휘감겨 있어 그 풍경만 보아도 가슴이 울렁인다. 스님의 수행에 방해가 될까 싶어 사과 2개만 불전에 두고 조용조용 상선암을 돌아 나온다.

이제 우번대 가는 길이 문제다. 지도상으로는 나무다리가 있는 곳까지 다시 내려가서 정상적인 길을 가야 하지만 산꾼에겐 그런 것이 용납되지 않는다. 숙명처럼 바로치고 오르며 길을 만들어야 한다. 우측 능선을 향하여 조금 나가니 폐가 한 동이 나오는데 그 뒤로 오른다. 간간히 앞서간 표지기를 이정표 삼아 능선의 중심을 따라 가면 길을 잃을 염려는 없다. 다만 힘겹게 고도를 높여가며 장애물을 통과해야만 한다.

그렇게 한바탕 땀방울을 쏟아낸 후 고목이 된 커다란 참나무 밑에서 잠깐 배낭을 내려놓는다. 엄청나게 떨어진 도토리가 널려있고 멧돼지의 흔적이 곳곳에 감지된다. 오를수록 경치는 감동적이지만 이렇게 가파른 산길에서는 조망보다는 한발자국 전진만이 실존일 뿐이다.

이 능선은 무명인데 '우번대능선'으로 이름을 붙이면 아주 자연스러울 것 같다. 상선암과 우번대를 이어주는 능선이니까 말이다. 아니면 '도통성불의 능선'은 어떨까도 싶다. 그렇게 직선으로 2시간 가까이 오르니 황홀 찬란한 전망대가 걸음을 멈추고 뒤돌아보라 한다. 가슴이 탁 트이며 지나온 길이 아스라이 펼쳐지며 무수한 상념 속으로 빠져든다. 이렇게 살아 있음에 감사하고, 볼 수 있음에 눈물이 나고, 아직도 건강한 체력으로 지리산을 오를 수 있음에 가슴 벅차다.

지척에 있는 1200 고지의 '우번대'. 전설은 이렇게 이어진다. 여인을 따라나선 우번이 정상에 닿자 여인은 사라지고 난데없는 관세음보살이 위엄스레 서 있는 것이 아닌가. 놀라 정신을 차려보니 관세음이 도심을 시험하기 위해 미녀로 변신한 것임을 깨닫는다. 참회의 순간, 보살은 간 곳이 없고 큰 바위만 우뚝 서 있다. 수도가 크게 부족함을 깨달은 우번은 바위 밑에 토굴을 파고 다시 정진을 시작한다. 수년 후 도통성불하여 이름난 도승이 되었다. 사람들은 그 토굴자리를 '우번대'라 부르게 되었다. 도통의 순간에 신비로운 석종 소리가 홀연히 들려왔다 하여 '종석대'라고도 한다. 그 신비의 공간에 도착한 것이다. 그냥 텃밭을 곁에 두고 숲 사이로 튼실해 보이는 파란색 집 한 채 서있다.

그 후 우번대에는 수월 스님이 머무셨다. 화엄사 주지를 지낸 진응 스님이 시자 용하 스님을 데리고 와서 기도를 했는데, 진응 스님은 7일 만에 용하 스님은 15일 만에 신비로운 종소리를 들었다고도 전한다. 이 성스러운 공간을 지금은 법종 스님이 지키고 계신다. 현재 암자는 50년 전쯤 스님의 스승인 백운 스님이 지으셨단다. 물어보고 싶은 말이 너무 많다.

"스님, 이 산중생활이 어떻습니까. 혼자의 삶이 적적하지는 않으신지요"

다짜고짜로 묻는 중생의 질문에 스님께서는 천진난만한 아이와 같은 미소를 보이며 이렇게 답하신다.

"꼭 37년째 이곳을 지키고 있는데 그런 거 잊은 지 오래입니다. 그냥 무념무상일 뿐입니다. 처음 이곳에 들어올 때 한 3년 정도는 사람에 대한 그리움 때문에 너무나 힘들었습니다. 외로움 말입니다. 그 아픈 시간이 지나자 오히려 그 반대의 현상이 나타나더군요. 사람에 대한 환멸입니다. 그냥 사람이 밉고 너무나 싫었어요. 그러다 3년이 훌쩍 넘어서자 그리움도 미움도 그 모두가 깨끗하게 없어지고 말더군요. 지금은 그냥 저 나무도 바위도 하나같은 친구일 뿐입니다"

마음속의 수많은 상념들이 하얀 백지로 변해버리는 듯한 울림이 전해진다. '그리움도 미움도 깨끗하게 사라진 상태'가 가능할 수도 있다는 희망 때문이었을까. 뼈를 깎는 수행의 결과로 얻은 깨달음일 것이다. 가슴을 치는 전율이 온몸으로 퍼진다. 스님의 얼굴을 찬찬히 바라본다. 순한 눈동자와 해맑은 얼굴이 처음 대하는 것이 아니라 오래전에 만난 것 같은 친숙함이 묻어난다. 나누고 싶은 말들이 산 밑의 운해처럼 가득하지만 속세의 번뇌가 전염될까봐 인내하며 토굴을 떠난다.

좌측 전망대로 다시 나와 빤히 보이는 종석대 능선으로 오른다. 파란 하늘 아래로 선명하게 그어진 지평선은 꿈속의 선경이요 유토피아의 진원지다. 산마루에 오르자 또 새로운 세계가 펼쳐진다. 서북능선의 만복대가 아스라이 손짓하고 반야봉이 호탕하게 웃어주며 노고단이 반갑다고 소리를 친다. 세상에서 가장 아름다운 풍광들이 모여 향연을 벌이는 것일까. 그 누구도 접근할 수 없는 지리산의 성지임이 분명하다. 정상을 향하여 꿈결처럼 걷는다. 마치 종을 엎어놓은 형상의 바위군락으로 이루진 '종석대'는 수 천 년이 지난 지금도 변함없이 그 자리를 지키고 있다.

'무넹기'를 지나 '성삼재'에 도착하니 겨울휴일을 즐기는 인파로 북적인다. 휴게소에서 따뜻한 매실차 한 잔으로 아득한 그리움을 달래본다. 마음속이 꽉 차는 듯 하다가도 갑자기 텅 비어버리는 것 같은 허전함이 온몸을 휘감는다. 이승의 업을 털어내고 수행자 같은 삶을 살 수 있다면 다음, 그 다음 생쯤에는 나도 종석대의 종소리를 들을 수가 있을까.

지리산 용유담에서

　한 학기 수업을 마무리하는 기념으로 '수필교실' 예비문인들과 1박2일 지리산 여행을 떠난다. 여러 코스를 놓고 고심하다가 점필재 김종직 선생과 그의 제자 탁영 김일손 선생이 오른 함양의 '오도재'를 넘어가기로 한다.

　선인들의 발자취와 정서가 서린 유서 깊은 곳에서 그분들이 꿈꾸었던 호연지기와 이상을 느껴본다는 것도 매우 의미 있는 일이라 생각해서다. 오도재 전망대에서 바라본 지리산은 장엄함과 광대함을 넘어 무아의 경지로 들게 한다. 파노라마로 펼쳐지는 백리 주능선의 모습은 세파에 지친 번다한 아픔까지도 꿈결처럼 위무해 준다. 지리산이 왜 민족의 영산이며 어머니 산인가를 명징하게 보여주는 현장이다.

　하루 머물 '지리산 롯지'에서 짐을 푼 우리들은 '백무동'으로 들어가 '한신계곡' 품속으로 안긴다. 올해 들어 가장 무더운 날씨라는데 깊은 녹음속의 계류는 풍부한 수량을 자랑하며 거침없이 흘러내린다. 자연의 힘이 얼마나 위대하며 인간에게 많은 것을 베풀고 있는지를 공감하며 명산의 매력에 빠져든다.

'가내소폭포'까지 왕복 3시간의 산길에 흠뻑 젖어들고 저녁에는 문학의 밤을 열어 좋은 작품에 대한 갈증을 얘기하며 수필에 대한 열띤 토론까지 벌이다 행복하게 잠이 든다.

다음날은 '벽송사'와 '서암'을 둘러보고 엄천강 기슭을 따라가다 송대마을 입구의 '용유담'에서 걸음을 멈춘다. 순간, 밝고 환했던 얼굴들이 순식간에 우울하고 걱정스러운 모습으로 변한다. 주변에는 "지리산댐 반대" "용유담을 국가 명승지로 지정하라"는 등의 현수막과 구호들이 어지럽게 널려있기 때문이었을까. 바로 그 말썽 많은 문제의 현장인 것이다.

빠르게 내려오던 물살이 잠시 평평해지는 지점에 용유담이 있다. 수려한 산세와 곳곳에 크고 작은 기이한 바위들이 만들어낸 절경은 용이 노닐었다는 지명이 조금도 어색하지 않을 만큼 뛰어나다. 풍광뿐만 아니다. 이곳에서 조선시대 함양 군수 재직시 김종직 선생이 기우제를 지냈다는 널찍한 바위가 있고 남명 조식 선생을 비롯해 수많은 시인묵객들의 정신과 숨결도 고스란히 남아 있다. 마적도사와 당나귀, 승천하지 못한 용, 명주실타래 3개를 풀어야 바닥에 닿을 수 있다는 훈훈한 전설 또한 생생하게 전한다.

상류 쪽에는 회백색 바위와 검정색 돌들이 간간히 섞여 있는데 자갈이 급류에 휩쓸려 소용돌이치면서 만들어진 것이라 한다. 학계에서는 이 '포트홀'이 약 18억 년 전에 생성된 것으로 추정하며 지리산 탄생의 비밀을 알려줄 열쇠로 보고 있다. 이처럼 용유담은 문화적, 역사적, 지질학적 가치까지 높은 곳이다. 또한 수달의 서식지며 지리산 반달가슴곰의 이동통로로 생태계의 가치 또한 지대하다.

일부에서는 미국의 그랜드캐년에도 결코 뒤지지 않는 이곳을 보호하기 위해서는 유네스코의 세계지질공원 지정이 필요하다고도 주장한다. 한국내셔널트러스트에서도 용유담만은 반드시 지키고자한 명승지다. 급기야 문화재청은 2011년 12월에 국가명승지정을 예고하게 된다. 너무나 당연한 일이다.

 그런데 수자원공사와 함양군에서 지리산댐건설로 인한 수몰예정지이기 때문에 명승지정을 취소해 달라고 요청하여, 현재 명승지정이 보류되어 있는 상태다. 추진 중인 댐의 공식명칭은 '문정홍수조절 댐'으로 용유담 하류 3.12Km지점인 함양군 휴천면 문정리에 위치하게 된다. 만약 설계대로 완공 된다면 50층 규모인 141미터 높이에, 869미터 넓이로 국내에서 가장 거대한 댐이 된다고 한다. 이 지역에서 주로 발생하는 피해는 급류에 의한 교량유실과 산사태로 인한 재산과 인명피해인데 홍수조절용이라는 용도는 어불성설이다. 오히려 부산과 경남 일부 지역의 식수를 확보하기 위한 용도라는 전문가들의 의견이 더 설득력이 있다.

 예산을 들여 조사하고 학술회의까지 끝낸 명승예정지에 댐을 건설하여 모든 걸 수장시키려는 발상을 이해하기란 쉽지가 않다. 수천 년 자연스럽게 흐르는 계곡을 인위적으로 막아 일대가 물에 잠긴다면 엄청난 재앙이 올 것임은 자명하다. 동식물뿐만 아니라 유일하게 남은 칠선계곡의 원시림까지 훼손될 것이다. 백무동 역시 수몰과 맞닿으며 둘레 길도 끊어질 수밖에 없다. 천년고찰 실상사도 온전하지 못하게 된다. 담수에 의한 안개로 생태계 파괴는 예측이상으로 참혹할 것이다. 그런 환경에서 주민들은 대대손손 이어온 삶의 터전까지 버리고 어디론가 정처 없이 떠나야 할지도 모른다.

삼척동자가 생각해도 이곳에 댐을 설치해서는 안 된다. 홍수조절이든, 부산지역의 식수공급이든, 그 어떤 목적이든 결국은 사람을 위한 것이어야 한다. 모든 사람들이 반대하는 이 지역에 혹여, 힘 있는 자의 이기심을 위한 것이라면 더욱 안 될 일이다. 우리가 누리는 이 아름다운 자연은 선인들로부터 물려받은 고귀한 유산이며, 영원히 이어져야 할 후손들의 소중한 삶터임을 잊어서는 안 된다.

용유담을 떠나며 우리들은 용유담이 국가명승지로 지정됨은 물론 댐건설로 수몰되지 않기를 간절히 기원했다. 오는 길에는 가락국 마지막 임금인 '구형왕릉'과 '유의태 약수터' '산청 한방 엑스포현장'까지 둘러보고 '생초'의 특미 어탕국수까지 먹고서야 집으로 돌아온다.

지리산은 신이 우리에게 준 천혜의 선물이라는 생각이 들었고 그 자연을 지켜내지 못한다면 하늘의 뜻을 거스르는 것이라 믿었다. 천기를 거역할 때 인간이 받아야하는 죄과는 자명하지 않겠는가.

깊어가는 지리산의 가을밤에

반갑습니다. 먼 훗날 지리산을 연구하는 학자들은 어떤 경우라도 '지리99'를 말하게 될 것입니다. 그렇다면 우리 문학사에 전무후무한 오늘의 이 출판기념회를 언급하게 될 것이고, 여기 모이신 분들의 면면을 기억하게 될 것입니다. 그런 의미에서 우리 모두는 역사의 주인공이 되는 것이라는 생각을 해봅니다.

감사합니다. 저의 이번 두 번째 작품집 『지리산 빗점골의 가을』 출판기념식 행사 전반을 주선하고 '지리99'가 주최가 되도록 배려해 주신 꼭대님 가객님 산유화님께 존경과 감사의 말씀을 올립니다.

바쁜 일정 속에서도 심도 있는 해설을 써주신 이성모 교수, 문학인으로서 지리산에 대한 지대한 관심을 가지시고 격려사를 해주신 김윤숭 지리산문학관장님, 원로산악인이며 사진작가 권맹호 선생님, 늘 함께 따뜻한 동행을 해준 독오당 친구들, 모두 반갑습니다. '지리99'의 모든 회원님 온라인상에서 만나야할 님들을 이렇게 오프라인에서 뵈니 더욱 감격적입니다.

서울 부산 대구 광주 충청 여수 창원 등 전국 각 지역에서 참석해

주셨습니다. 한 분 한 분에게 고마운 마음을 전합니다. 깊이 새겨 기억하겠습니다. 더구나 오늘 갑작스럽게 내린 가을비가 거의 폭우 수준이었습니다. 그럼에도 불구하고 먼 길에서 안개 낀 고속도를 힘겹게 달리고 '오도재'를 넘어 이곳 '지리산 롯지'까지 이렇게 많은 분들이 참여해 주심에 다시 한 번 따스한 감사의 마음을 느껴봅니다.

여러 가지 지리적 여건상 이 자리에 참석하지는 못했지만 꽃바구니로 축전으로 마음을 보내주신 시사랑문화인협의회 서정시학회 마산문인협회 경남수필문학회 회장님과 회원님들께도 고마움을 올립니다. 또한 오늘 이 행사를 대대적으로 보도해 준 연합뉴스 동아일보 등 여러 언론기관도 잊지 않겠습니다.

저는 지리산이 낳은 작가입니다. 『지리산 빗점골의 가을』은 지리산을 사랑하는 마니아님들과 함께 만들어낸 결과물이라고 해도 과언이 아닙니다. '지리99'는 회원 5천명 이상을 보유한 우리나라 최대의 인터넷 지리산 사이트입니다. 이 속에는 산길 역사 유적 설화 등 지리산에 대한 모든 자료가 체계적이고 종합적으로 탑재되어 있는 박물관입니다. 이 자료는 관념적인 지식이 아니라 두 발로 직접 걸으며 온몸으로 부딪쳐 생산해낸 살아있는 정보이기에 더욱 가치 있고 소중합니다. 이 보석 같은 자료들을 문학적인 옷을 입혀서 세상에 알리고 공유하는 일이 앞으로 저에게 부과된 과제라 생각합니다. 보다 겸허하고 성실한 자세로 지리산에 대한 사랑과 열정을 이어갈 수 있도록 노력을 다하겠습니다.

문학을 포함한 예술이라는 영역이 큰 바위 얼굴처럼 멀리서 보기엔 아름답고 낭만적으로 보일수도 있겠지만 가까이에서 접하는 당사자에게는 너무나 외롭고 고독한 길일지도 모릅니다. 그 가족역시

무한한 인내와 때로는 희생이 요구되는 역경의 길입니다. 기행문학은 근원적으로 역마살과 방랑과 막연한 그리움을 먹고 태어나는 바람 같은 존재입니다.

   그러한 현실적 세월을 인내하고 포용해 주었기에 비록 작으나마 이렇게 문학적 결실을 거두는 빛나는 자리가 있는 것이라 믿습니다. 그 모든 것을 믿음으로 지지하고 받쳐준 아내 티나에게 오늘의 이 모든 영광을 드립니다. 티나가 있었기에 지리산을 알게 되었고 글을 쓰게 되었고 문인이 되었고 책을 내게 되었다는 사실은 『지리산 황금능선의 봄』에서도 이미 말씀드린 바가 있습니다. 그것은 사실입니다.

   존경하고 사랑하는 지리산 벗님 여러분. 올해의 끝자락도 저만치서 보이려 합니다. 깊어가는 이 가을, 고운 단풍잎이 절정에서 노래를 부르고 10월의 마지막 주말이기도한 낭만적인 날에, 사랑하는 사람들과 지리산 자락에서 근심 걱정은 잠시 접어두고 지리산 얘기로만 밤을 지새우려니 정말 기쁘고 가슴은 뜨거워집니다. 그동안 제가 평생을 꿈꾸어왔던 이상향이야말로 바로 오늘 같은 이 순간입니다.

약소하나마 마음으로 준비한 막걸리와 여성 회원님들이 정성으로 손수 만드신 따뜻한 음식을 많이 드시고 지리산과 동화되는 좋은 시간 아름다운 밤이 되길 바랍니다. 오늘밤은 아무리 대취해도 좋을 것만 같습니다. 고맙습니다. 사랑합니다.

지리산 대성동의 겨울밤

 요즘 들어 왜 부쩍 추위를 많이 타는지 모르겠다. 매서운 날씨 탓인가. 나이 탓일까. 한 해의 끝자락에서 밀려오는 아쉬움 때문일까. 많이도 춥고 시린 계절이다. 올해 12월의 마지막 주말은 따뜻한 사람들과 지리산 대성동에서 보내기로 마음먹고 한 달 전에 방 한 칸을 예약해 두었다.
 지리산의 오지마을들이 대부분 그 성역이 무너지고 웬만한 마을들은 승용차가 진입할 수 있게 되었다. 지금은 와운마을도, 직전마을도, 삼정마을도, 팔랑마을도 집 앞까지 포장이 되어 있을 정도다. 차가 들어갈 수 없는 곳이라면, 뱀사골 밑의 개선마을처럼 아예 폐가만 남아있을 뿐이다.
 하동군 화개면 대성동은 옛날 그대로 의신마을에서 한 시간 정도 걸어 올라야만 닿을 수 있다. 지리산을 다니면서 많은 추억들이 쌓여있는 곳이지만 한 해의 끝자락인 세모에서 1박을 하기는 처음인지라 설렘도 크다. 이번 나들이는 산꾼이 아니라 문우들과 함께하는 길이기에 더욱 기대된다.

그렇게 부푼 마음을 안고 대성동으로 달려왔다. 토요일 오후, 마산에서 하동을 지나 화개장터를 거쳐, 2시간의 차를 달려 의신마을 역사관에 주차를 하고, 1박 2일간의 특별식까지 준비하여, 지고 들고 걸어 왔다. 불과 몇 년 사이에 계곡은 많이도 변해 있었다. 입구에는 포장도 어느 정도 되었고, 안 보이던 무덤도 두어 기 보였다. 후박나무 숲이 을씨년스러운 겨울 대성동만 변함없이 우리를 편히 맞이해 주었다. 마당 앞에 나무 등걸을 타고 내려오는 물줄기도 기운차게 콸콸, 하얀 포말을 토해내며 쏟아져 내리고 있었다. 모두가 정겨운 풍경들이다.

문학의 길을 가려는 예비 작가님들, 나를 바라보며, 나를 희망으로, 문인의 꿈을 키워가는 이분들이야말로 세상에서 가장 소중한 사람이 아니겠는가. 나는 결코 문하생이라고 생각하지 않는다. 기나긴 문학의 길을 함께 갈 도반이요 문우라는 말을 좋아한다. 결국은 청출어람을 실현하는 것이 나의 원대한 꿈이니까 말이다.

연말의 바쁜 일정 속에서 모두가 시간을 낼 수야 없지만 그래도 네 분이나 함께 해 주셨다. 사정으로 참여하지 못한 문우들도 마음 보내고 있음을 안다. 이렇게 편한 벗들과 함께 겨울 지리산을 바라보며, 겨울계곡을 걷고, 더불어 한 해를 마무리하고 싶었다.

대성동은 그 자리에 있건만 인걸은 간 데가 없다는 옛말 그대로다. 오래전 우정을 기약했던 주인장 친구도, 우리 아픈 현대사의 산 증인인 그의 어머니도 최근에 고인이 되었단다. 지금은 그 옛날 꼬마총각 막내아들이 자라서 대성동의 서러운 역사를 이어가고 있다. 세월의 무상함에 스스로의 삶도 돌아보게 된다. 주어진 시간만을 살다가는 유한한 인생이기 때문이리라.

그 아쉬운 마음을 헤아리는지 젊은 주인내외도 따뜻하게 맞이해

주었고 정성들여 만든 음식들을 빠짐없이 차려낸다. 토종닭 백숙, 오미자술, 대성동막걸리, 더덕, 여러 가지 산나물에다 우리가 가지고 온 생선회까지. 넉넉하게 차려진 밥상을 앞에 두고 송년의 밤은 시작된다. 마음이 먼저 취하여 진작 하고 싶은 말은 까맣게 잊어버렸는지도 모를 일이다.

술잔이 한 순배 돌자 이곳 대성마을을 배경으로 씌어 진 수필 「대성골의 비밀」「겨울밤 세석에서」를 낭송하는 문학의 밤이 펼쳐진다. 한때 문학소녀였다는 안주인도 좋아라고 몇 번이나 박수를 친다. 밖에는 38년만의 크리스마스 날에 뜬 슈퍼문이 영신봉 위로 두둥실 떠 있는 모습까지 상상한다면 가히 환상적인 정경이다. 북쪽에 떠 있던 달이 자정 무렵에는 동쪽으로 오더니 새벽이 되니 슬그머니 남쪽으로 내려와 앉는다. 그렇게 달이 기우는 시간까지 인생과 문학이야기도 끝없이 이어진다. 지리산에서 찾고자 했던 청학동을 지금 여기, 12월 26일 대성동에서 만나고 있는 것이 아닌가 하는 생각이 들 정도다.

생각해보면 올 한 해도 급박하게 달려온 것이 사실이다. 오직 열정 하나로 문학에 갓 입문한 청년처럼 배우고 가르쳤다. 열심히 썼다. 무엇보다 만 3년째를 맞이한 우리 수필교실이 지역사회의 문인들과 문학 지망생으로부터 긍정적인 호응을 얻은 일이야말로 기분 좋은 일이다. 그 결과로 2학급에 30여명의 문우들이 함께 공부할 수 있게 되었고, 매년 새로운 수필가들이 탄생되고 있음이다. 2016년 경남신문 신춘문예에 당선되었다는 기쁜 소식도 안고 왔다. 연초에는 '진등재 문학회'의 동인을 결성하였고, 역사적인 동인지 창간호 발행을 눈앞에 두고 있다.

개인적으로는 5월에 세 번째 수필집 『지리산 세석고원의 여름』을 출간하였으며, 좀 더 심도 있는 수필공부의 외연을 확대하기 위한 노력으로 10월에는 문학평론가로 등단하는 결실도 얻었다. 《경남문학》 주간의 봉사직도 순조로이 마치고 사뿐히 내려놓았다. 모두가 분에 넘치는 성과요 행운이 아닐 수가 없다. 더 열심히 더 겸손하게 살아야겠다는 생각을 몇 번이나 다져보는 순간이다.

깊어가는 이 밤, 지리산 대성동에서 이런저런 처음도 끝도 없는 상념들을 펼쳐본다. 주변에는 문인들도 많고 교류하는 사람들도 있지만 마지막에는 함께 공부한 분들만 남게 될 것이라고. 나의 중요한 자리는 지금 곁에 있는 분들이 있는 곳이라고. 어디서 어떤 위치에 있더라도 우리 창작교실 문우들과 더불어 문학의 꽃을 피워갈 것이라고. 그들이 내 곁을 지켜줄 소중한 보루라는 진실을 아는 일이라고. 그렇게 돈독한 세계를 맺고 서로의 단단한 울타리가 되어야 한다고.

가끔씩 휘몰아치는 겨울바람이 창문을 세차게 두드리기도 한다. 대성계곡의 물소리는 쏴쏴 지칠 줄도 모르고 밤새 소리 지르며 흘러내린다. 그 위로 휘영청 둥근달은 소리 없이 영롱한 빛을 흩뿌려 내리고 있다. 을미년이 역사 속으로 조금씩 묻히고 있는 지리산의 겨울밤이다. 내년에도 이런 아름다운 시간을 기약할 수가 있을까.

이제부터 지난 일은 미련 없이 툭툭 털어버리고 전혀 새로운 한 해를 준비해야만 될 것이다. 이 대성마을의 기운으로 말이다. 예상치 못한 낯선 세계에 빨리 적응할 수 있는 자만이 또 새로운 세상을 누릴 수 있다는 평범한 진리가 가슴 한 켠을 섬광처럼 스치는 순간이다.

산다는 것은 결코 만만치가 않은 일이라고 지리산은 밤새 토닥여 주고 있었다.

지리산 유토피아

　지리산이라면 으레 천왕봉을 생각한다. 가장 높기 때문일 것이다. 하지만 천왕봉이 지리산의 전부는 아니다. 지리산은 생각보다 더 크고 넓은 광활한 세계다. 남북을 잇는 노고단과 천왕봉의 종주거리가 일백리에 이르고, 3도 5군을 아우른 그 둘레만도 8백리나 된다.
　그 속에는 아흔 아홉 골의 골짜기와 능선, 고원, 해발 일천 대가 넘는 봉우리만 수십 개가 넘는다. 지리산에 빠진 동호인만도 수만 명에 이르며, 다른 산은 아예 넘나볼 수도 없는 완전 환자급 마니아만 해도 수천 명에 이른다. 기본등산로만 수백 코스이고 응용 길까지 합한다면 수천 개도 더 될 것이다. 그러다보니 지리산은 입문은 있어도 졸업은 없다는 말이 회자될 정도다.
　나 역시 한 30년 세월을 지리산에 빠져 오직 지리산만 오르내렸다. 그래도 가고 싶은 곳이 있고, 아직도 못가 본 곳이 있어 내내 마음 설렌다. 이제 청춘이 아니다. 이미 인생의 마지막 계절이 다가오고, 다음 생을 준비해야 할 시간이 오고 말았다. 내가 다닌 수많은 지리산 길에 대한 생각들을 후배들에게 전해주어야 하는 의미 있는 때가 되었다고 생각한다.

 그 수많은 시간과 젊음의 열정을 투자하며 미친 듯이 지리산을 찾은 이유는 무엇일까. 도대체 한 인간의 생애를 그렇게 강력하게 송두리째 빼앗기게 된 그 근원의 실체는 무엇일까. 지리산에는 유토피아가 있고, 영원한 푸른 바람이 불기 때문이고, 그 유토피아를 찾아 '바람 따라 그리움 따라' 다닌 세월이었다고 어느 글에서 쓴 적이 있다. 맞다. 지금도 변함없는 신념이다. 그렇다면 지리산에 유토피아는 있을까. 있다면 그곳은 연인처럼 한없이 끌리는 그리운 곳이고, 언제나 가고 싶은 곳이고, 가면 안기고 싶고, 머무르고 싶은 곳이 아니겠는가.

 그 특별한 곳은 지리산의 혈맥과 관련이 있다고 생각한다. 과연 그곳은 어디일까. 물론 지극히 개인적인 견해로서 이 물음에 대한 답을 찾아보고자 한다. 우선 촛대봉을 중심으로 한 세석평원 일대를 꼽고 싶다. 그 중심은 청학연못이 유토피아의 진원지다. 다음으로는 촛대봉 좌측에서 너울너울 손짓하는 반야봉 일대다. 반야중봉을 포함한 그곳은 분명 천상의 낙원이다. 그 핵심은 묘향암이라고 본다. 세 번째로는 천왕봉에서 웅석봉으로 이어지는 동부능선 상에 있는 하봉 일대이며 그 정수리는 영랑대다. 청학연못, 묘향암, 영랑대가 지리산의 3대 혈맥이 된다는 관점이다. 모두 해발고도 1500대를 넘는 고산지대라는 공통점을 지닌다. 청학연못이 1545, 영랑대가 1740, 묘향암이 1500이다. 어느 곳이라도 감히 접근하기가 쉽지 않다. 그만큼 신비롭고 신령스러운 성역이라고 보면 된다.

 우선 청학연못은 촛대봉 아래 시루봉 위 능선의 중간지점 밑 부분에 위치한다. 자연적으로 된 것이 아니고 사람이 만든 신비의 연못이다. 뒤쪽 벽면은 큰 바위지대에 닿아있고 세 면은 방죽을 쌓았다. 못의

크기는 길이 20미터, 폭 4미터, 깊이 1미터 정도의 직사각형이다. "鶴洞壬"(학동임) 이라는 글자가 바위 벽면 우측 상단에 새겨져 있는데 "鶴"자는 마모되어 거의 판독이 불가한 상태다. 이 각자의 뜻은 이곳이 학동, 즉 청학동임을 표시한 것이며 "壬"자는 임진, 임자, 임술 등 육십갑자의 천간이 "壬"자로 시작되는 어느 해에 새긴 것임을 말해주는 것으로 추정한다. 이에 대한 최초기록은 1570년경 유운룡의 문집으로 알려져 있는데, 내용은 이렇다.

"돌문을 지나 40리 가량 가면 1천 섬은 거둘 수 있는 논과 밭이 펼쳐지는데 넓이가 1천 호 쯤은 살 만하다 했다. 그 골짜기에 돌샘이 하나 있는데 고려 때 한 거사가 20년 동안 속세와 단절하고 살았는데 병화가 이르지 않아 보신하는데 길지라는 도참의 글이 새겨져 있다. 대대로 이곳에만 자라는 청련(靑蓮)을 길렀기에 그를 청련거사라 불렀다고 한다."

세석고원 일대를 청학동으로 믿었던 주인공은 누구일까. 이 대목에서 자꾸만 미수 이인로가 떠오르곤 한다. 청학동을 찾아 나선 미수가 화개동천서 출발하여 청학동을 찾다, 결국 실패하고 칠언율시 56자만 바위에 새기고 돌아섰다는 기록이 『파한집』에 전하기 때문이다. 그 각자가 실제로 촛대봉 바위에 새겨져 있다는 주장도 있고 보면 말이다.

묘향암은 우리나라에서 가장 높은 곳에 위치한 숨은 암자다. 지리산의 영기가 고스란히 서려있는 반야봉, 그 정수리에 자리 잡은 반야성지 '묘향대' 위에 세워진 성지다. 천년이 넘는 역사를 간직한 조계종 구례 화엄사의 말사. 수많은 산꾼들이 지리산을 찾고 반야봉에 오르지만 극히 일부에게만 그 공간을 허락한 숨은 암자. 준족이 바르게 길을 찾아 걸어도 5시간은 족히 걸려야 도착할 수 있고, 도력 높은 스님들 사이에서도 평생 한 번은 들르고 싶어 하는 곳이다. 반야중봉 북쪽사면에 고즈넉이 자리 잡은 고적한 집 한 채. 비교적 넉넉한 마당이 2단으로 조성되어 있으며 마당 뒤로 병풍처럼 둘러쳐진 절벽 밑으로 푸른 옹달샘이 흐르는 생기 가득한 기도터. 한국불교의 원형적 공간이자 수백 년 이어져 온 토굴의 현장이다. 은둔의 암자 '금강대'도 묘향대로부터 연원된 것이 아닐까 생각해본다. 뜰 앞으로 내려서면 토끼봉부터 이어지는 주능선이 한눈에 들어온다. 움푹 들어간 화개재를 지나 삼도봉까지 장대한 산줄기는 요동치는 생명체로 다가온다.

영랑대는 신라의 화랑들이 머문 유서 깊은 곳이다. 화랑의 우두머리 영랑을 중심으로 이곳에서 호연지기를 키우며 수련했다고 해서 붙여진 이름이다. 조선시대에는 점필재 김종직 선생이 이곳을 지나 천왕봉으로 올랐던 역사의 현장이기도하다.

초가을 좁은 봉우리에 서면 광활한 단풍의 천국에 빠진다. 빼어난 경관은 언어의 자존심을 짓밟는다. 중봉 뒤의 상봉은 수줍은 듯 살짝 고개만 내밀고 멀리 노고단에서 반야봉, 삼도봉, 토끼봉, 명선봉, 삼각고지, 덕평봉, 영신봉, 촛대봉, 연하봉으로 이어지는 연봉이 평화롭다. 서북능선상의 작은고리봉, 만복대, 정령치, 큰고리봉, 세걸산, 세동치, 부운치, 바래봉, 덕두봉은 동무처럼 편안하다. 지리산 최후의 비경이란 이런 모습을 두고 하는 말인가. 단풍은 수줍은 새 각시처럼 부끄럼을 타는 것 같으면서도 육감적이다. 그 세계는 지상의 모습이 아니다. 빨간 딸기가 꽃잎 되어 중간 중간에 피어 있고, 그 사이로 새 빨강 샛노란 물감을 뿌리고, 마음대로 칠해 놓았다. 짙붉은 단풍과 진한 녹색의 주목이 어울린 거대한 산상은 영랑대에서만 볼 수 있는 황홀 찬란함이다. 지리산이 보여주는 핵심적인 풍경이요, 수려함의 극치다. 이 풍광을 죽어서도 묻어둘 그리움이라 새겨둔 적이 있다. 영혼이 있다면 어찌 이곳을 기웃거리고 배회하지 않으리.

내가 본 지리산은 이 혈맥의 삼각벨트를 구심점으로 그 진경이 이루어져 있다고 생각한다. 지세도, 역사도, 유토피아로 거론되는 모든 것들이 모두 이 속에 녹아 있다고 본다. 몇 곳을 더 추가한다면 주 능선상의 천왕봉, 남부능선의 끝자락인 삼신봉, 서북능선의 좌장 만복대, 중북부능선에 있는 영원봉을 꼽는다. 계곡으로는 깊고 깊은 청정 칠선계곡, 단풍마저 슬퍼 보이는 뱀사골, 폭포의 박물관 한신지곡이 가장 강렬하게 남아있다.

이제 내 인생의 계절은 가을을 지나 겨울쯤을 맞이하고 있으리. 하루의 끝인 저녁이면 슬픔이 밀려오고, 일 년의 석양인 가을도 우수에 젖어드는데, 한 생애의 끝인 겨울을 맞이하는 회한이야 무엇으로 표현할 수 있으리. 공연히 슬퍼짐도 어찌할 수 없는 자연의 섭리리라. 다시 볼 수 없는 풍광들이고 되돌아갈 수 없는 젊음이기에 추억마저도 서러워지는 것이리라. 하지만 지리산으로 인해 나의 문학이 있었고 삶이 얼마나 풍요로웠던가. 살아온 삶을 행복이라 생각한다.

겨울은 혹독하지만 또 다른 봄을 잉태하고 있기에 다시 하루하루가 새로워져야만 한다. 언젠가는 나도 가고, 억겁의 세월 속에서 꽃은 더 피고 진다 해도, 지리산에는 영원한 푸른 바람이 불 것임을 믿는다.

사람의 지리산

내게는 자연과 사람이라는 두 모습의 지리산이 있다. 자연은 당연히 국립공원 1호 지리산이요 사람은 최동호 선생님이 가장 먼저 떠오른다.

나는 젊은 시절 지리산에 빠져, 그 산을 3백 여회나 오르내리며 생각을 가다듬고 체력을 연마하며 젊음을 보냈다. 그리하여 지리산 수필가라는 영예로운 이름을 얻었고 지리산만을 노래한 수필집 네 권도 세상에 내 놓을 수 있었다. 수필「겨울밤 세석에서」는 철학적 사색과 청소년들의 호연지기를 기를 수 있다는 평가를 받아 교과서에 실려 학생들이 공부하게 되었고, 수필집은 지리산 마니아들의 필독서라는 말도 들었다.

그 중심에는 선생님이 계신다. 선생님의 이끄심으로 문단에 들어섰고 선생님의 조언으로『지리산 황금능선의 봄』이란 서정적인 작품집 제목도 지어졌다. 지리산에서 '황금능선'은 무명의 능선이라 해도 과언이 아닌데 책으로 인하여 지금은 지리산의 중심능선이자 인기능선이 되었다.

어느 날 두 지리산이 역사로 만날 수 있는 날이 왔다. 경남 산청군

시천면 내대리 3231번지. 거림계곡 밑, 지리산 촛대봉이 환히 내려다보고 천왕봉이 살짝 올려다 보이는 명당중의 명당. 이곳에는 또 하나의 역사가 씌어 졌다.

 단풍이 곱게 물든 어느 가을날 오후 진해에서 문학제를 마치고, 선생님께서는 곧바로 서울로 가시던 예년과는 달리 지리산으로 가자고 하신다. 그곳에 지인의 별장이 있어 하루 쉬었다 가자는 것이다. 차를 몰아 곧장 지리산으로 달렸다. 태화건설 오 명예회장 내외분이 반갑게 맞아 주신다. 칠십대 중반을 넘긴 회장께서는 현직시절 중국연변 일대에서 독립투사들을 위한 자선사업을 하셨는데 그 과정에서 시낭송의 인연으로 선생님을 만나 교류하는 사이라고 한다. 정성으로 요리한 토종닭 백숙으로 저녁식사를 마친 후 아랫집 찜질방으로 자리를 옮길 무렵, 계곡의 청아한 물소리와 함께 사색적인 분위기를 연출하며 지리산의 어둠은 빨리도 내리고 있었다.

 큰 행사 직후라 가까운 문인 다섯 명이 조촐하게 모이게 되었다. 대구의 이 시인은 선생님과 동갑으로 '극서정 시집'을 함께 펴낼 만큼 신뢰를 가진 문우요, 장 시인은 진주권에서 학통을 이은 직계제자이며, 권 시인은 고향의 후배다.

 그렇게 자연스럽게 모인 구성원들의 배합을 설명해낼 수는 없지만 꼭 무슨 일이 일어날 것 같은 예감은 들었다. 지리산은 독특한 개성으로 무장한 이분들을 절대로 그대로 둘 것이 아니라는 것을 체험으로 알기 때문이다. 그렇게 지리산의 밤은 깊어갔고 도란도란 도타운 얘기 속에, 이 시인의 제의로 '청계산방'이란 표제로 교류하며 한 권의 문집을 묶어내기로 하자는데까지 도달한 것이다. 이 얼마나 신통한 지리산의 힘인가.

장 시인이 진주에서 공수한 술병이 동이 나고서야 얘기는 어쩔 수 없이 마무리될 수 있었지만 시간은 자정을 훌쩍 넘어서고 있었다. 어젯밤 문학제의 여흥으로 새벽까지 마신 술까지 계산한다면 과연 초인적인 정신력과 체력이라 할만하다. 이 시인과 장 시인은 앞방에서, 선생님과 나와 권 시인은 그 자리에서 잠을 청한다.

그러한 잠시, 이 시대 학계와 문단에서 사람이 모이고 빛나는 선생님의 힘은 과연 어디에서 나오는 것인가를 헤아려보는 순간, 이런 생각들이 섬광처럼 가슴 밑바닥을 스쳤다.

그것은 선생님이 하늘이 아니라 땅에 있기 때문이 아닐까. 높은 곳에서 홀로 고고한 것이 아니라 낮은 데서 당신을 따르는 벗과 제자들과 더불어 어울리기 때문이리라. 당신이 만난 좋은 경치, 좋은 음식도 그 다음엔 제자들과 함께 하셔야만 직성이 풀리신다. 그것이 선생님의 사랑법이고 행복이라는 것을 깨닫는다. 오늘처럼 이렇게 작은 토방에서 이불 한 장으로 살을 맞대고 뒹굴면서도 소년처럼 즐거워하시는 동심에서 따뜻한 인품이 느껴진다. 민중의 아픔을 포용하는 지리산과 닮아있다. 이날 밤, 큰 스승은 제자들과 함께 희로애락을 나눈다는 진실 하나를 얻었다.

다음날 아침, 도장골 입구에 있는 길상사를 둘러보고 '거림산장'에서 된장국과 김치찌개로 속풀이 겸 아침식사를 한다. 방금 캐어 왔다는 자연산 표고버섯 한 접시를 내놓는 주인장의 인심도 풍요로운 가을 지리산만큼 넉넉했다. 오는 길에는 덕산에서 남명조식 선생의 묘소와 유적지를 둘러보았는데, 선생께서 머무르셨던 '산천재'에 들렀을 때,

> 어떻게 해야 두류산처럼
> 하늘이 울어도 울지 않을까

란 빗돌에 새겨진 시구가 장중한 지리산의 울림으로 다가왔다. 어젯밤의 의기투합이 결코 취중의 명세가 아니렸다, 하고 소리치시는 것 같아, "번쩍" 정신이 들었다.

참 아름다운 사람의 지리산이고 가을이다.

청송에 가면

네 번째 '청계산방' 모임을 경북 청송에서 한다는 전갈이다.

구마, 경부, 대구포항 등 세 개의 고속도로를 거쳐 청송으로 들어가는 국도는 한가하고 평화롭다. 7월 3일의 신록과 푸른 들판이 강렬한 태양 아래서 눈부시게 반짝인다. 터널을 지나고 굽이굽이 구절양상의 산길을 놀고 놀아 복적지인 주왕산자락 '민예촌'에 도착하니 세 시간이 훌쩍 넘어선다.

'청송문화관광재단'에서 운영하는 이 민속마을은 아담한 기와집으로 한 마을을 이루었고, 관광객에게 숙박의 편의를 제공하고 있다는 것이다. 대감댁 대청마루에서 잠시 휴식을 하는 사이 한 두 분씩 모이기 시작한다. 최동호 교수님과 이하석 시인을 필두로 박대성 화백, 장윤익 동리목월관장, 이성모, 황명강, 김청광. 이인평, 김문주, 장만호, 이찬 시인이 오후 5시를 전후로 면면히 모였다.

일정은 한동수 청송군수의 저녁식사 초대부터 시작이 된다. 주왕산 달기약수터 밑 조용한 식당으로 안내되었는데 메뉴는 산채나물과 닭 떡갈비, 약수백숙, 달콤한 사과 동동주 등 토속음식이 풍성하게 나왔다. 출출한 뱃속에 담백하고 매콤한 음식들은 몇 배의 식욕을

돋운다. 서민적이면서도 문화예술분야에 특별한 관심을 보이는 군수님이셨기에 가능한 시간이다. 즐겁고 화기애애한 분위기다.

저녁에는 대감댁 마당에서 시낭송회에 이어 박수관 명창의 걸쭉한 국악공연으로 분위기를 고조시키며 청송의 밤이 깊어간다. 공식일정을 모두 마치니 10시가 넘어선다. 하지만 문인들이 모인 문학행사의 백미는 늘 뒤풀이가 아니던가. 특별히 청송문화재단 사업운영팀장인 정 박사가 직접 공수한 싱싱한 송어회도 별미였지만, 모임을 다할 때까지 함께하며 섬세한 안내까지 해준 따뜻한 마음씨와 정성이 마음에 더 와 닿는다. 그렇게 음력 유월 열이레의 달과 함께 새벽을 맞이한다.

청송의 진수는 다음날이다. 송이찌개로 지난밤의 숙취를 푼 다음 청송여행이 시작된다. 가이드는 휴일을 반납한 정 박사다. 첫 번째 관광지인 진보면에 있는 '군립야송박물관'으로 이동하는 차안에서 화가 야송에 대한 무용담을 나는 그냥 건성으로 흘려보낸다. 이인평 시인과 장만호 교수의 대화가 자못 심각했지만 그렇고 그런 미술관 중의 하나일 거라는 선입견이 작동했기 때문이다.

폐교를 리모델링하여 현대적 감각으로 새롭게 단장한 미술관에서는 '청량대운도 전시관'이란 안내판이 일행을 반긴다. 무심결에 전시관으로 들어서는데, 순간적으로 '악'하고 탄성을 내지르고 만다. 늘어지고 풀어진 내 의식의 심층부에 불덩이 하나가 떨어지는 충격이 가해진 것이다. 우선 엄청나게 큰 그림에 압도당하고 만다. 이렇게 큰 그림이 존재하리라고는 상상도 못한 일이다. 마치 거대하고 세밀한 청량산 전체를 그대로 이동해 놓은 듯한 충격에 가슴이 쿵쾅거릴 뿐이다.

이 작품은 이 지방 출신이자 실경산수화의 대가인 야송 이인좌 화백이 예술혼을 불사르며 그린 필생의 역작이다. 길이 46미터에 높이가 6.7미터나 되는 이 거대한 그림은 명산 청량산을 소재로 한 산수화의 걸작으로 아시아에서 가장 큰 그림이라고 하는데, 아마도 세계에서도 이보다 더 큰 그림이 어디에 있을까 싶다. 누구나 경탄할 작품임에도 하도 커서 나라에서도 감당을 못해 20년 동안이나 수장고에서 잠자던 것을 작은 지자체에 불과한 청송군이 이렇게 세상에 빛을 보게 한 것이라 한다. 군수와 군민들의 문화의식이 얼마나 높고 탁월한 것인지 감탄하지 않을 수가 없다.

더구나 야송 화백께서 직접 나오셔서 그림에 대한 설명을 하시고 함께 사진을 찍을 때는 마음이 소년처럼 설렛다. 하얀 머리에 왜소해 보이고 야윈 체구의 백발 속에 이렇게 큰 세상을 품었는가 싶어 신비스러운 마음을 감출 수가 없다. 이번 여행의 가장 큰 감동으로 남을 것이다. 77세의 노령임에도 희수기념 전시회를 준비한다니, 건강하게 오래 사서 우리 화단에 더 큰 기적을 보여주실 것을 기원해 본다.

이 그림을 두고 산수화의 정도를 벗어난 작품이라는 견해도 있다고 한다. 여기서 예술의 실험정신과 창의성에 대해 생각해 보지 않을 수가 없다. 어떤 장르든지 고정된 틀 속에서의 창작에는 기존작품을 뛰어넘기가 쉽지 않을 것이다. 지금까지 없던 새로운 발상, 새로운 기법, 새로운 창의성에 의한 창작을 통해서만이 새롭고 위대한 작품이 탄생할 것이고, 발전이 있을 것이다. 그것이 실험정신이고 창의성이다. 혹자는 그것을 두고 기존의 이론 운운하며 폄하할 수도 있겠지만 그런 사고에서 예술의 발전이란 기대하기 어려울 것이다. 누구도 발상하지 못한, 누구도 꿈꾸지 못한 이 거대한 산수화 앞에서 나는 경건하게 감동하지 않을 수가 없다.

  국비 2백억원을 들여 건립한 김주영 소설가의 '객주문학관' 역시 빛나는 사업이었다. 아마도 국내에서 가장 방대하고 화려한 문학관일거란 생각이 들었다. 청송은 이렇게 살아있는 지역문인을 대상으로 문학관을 건립하고 작가의 위상을 한 단계 더 끌어올리고 있는 것이다. 문화마인드로 충만한 고장임에 부러운 마음 감출수가 없다.

  마지막으로 주왕산에 들른다. 붉게 치장한 가을산의 화려함만 보아왔던 터라 계절이 바뀐 산이 낯설기만 하다. 여름 주왕산은 차분히 사색을 하는 고고한 선비의 모습이 각인된다. 화려하지 않으면서 근엄하고 들뜨지 않으면서 고요한 자태로 내려다본다. 이렇게 옷이 바뀜에 따라 그 이미지가 전혀 다른 모습으로 새겨짐도 경이로움이 아닌가. 사람 역시 이와 다르지 않으리라. 오르고 싶은 충동을 억누르며 산채비빔밥으로 점심을 먹으며 헤어질 준비를 해야 할 시간이다. 서울로, 대구로, 진주로, 경주로 각자 갈 길을 따라 표표히 떠나야만 한다.

  나 역시 왔던 길을 되돌아 마산에 도착하니 토요일의 어둠이 서서히 짙어가는 시간이다.

수필 「산정무한」

까까머리 고교시절, 국어시간에 만난 수필 「산정무한」은 충격이었다. 구체적으로 그 실체를 잡을 수는 없었지만 무엇인가 멀리서부터 물결처럼 밀려오는 그리움의 여운을 잊을 수가 없다.

깊어가는 금강산 밤의 '마하연 여사'에서 여관집 아가씨가 등잔아래 외로이 앉아 책을 읽고 있는 대목을 상상하는 부분이라든가, "울며 소맷귀 부여잡는 낙랑공주의 섬섬옥수를 뿌리치고 돌아서 입산할 때에, 대장부의 흉리가 어떠했을까"라는 마지막 장면에서는 알 수 없는 멋스러움과 흥분으로 가슴이 요동치던 기억이 생생하다. 접신할 때 오는 떨림도 그런 감정이었을까. 생각해 보면 그것은 아마도 내 의식 밑바닥에 묻힌 문학에 대한 메아리가 아닐까 싶다. 그리고 나는 국어교사가 되었고 33년이란 긴 세월을 여고에서 언어와 문학을 가르쳤다.

금강산의 장관과 탐승의 정취를 형상화한 「산정무한」은 장안사 가는 길에서부터 '명경대→황천계곡과 망군대→마하연과 비로봉→마의태자의 묘'에 이르는 여정과 감상을 담고 있다. 발길

닿는 곳마다 절경이요 신비로운 전설까지 얽혀 있어 사람의 발길을 멈추게 하고 탄성을 지르게 한다. 그러한 풍치와 절경에서 오는 낭만적인 정감을 신선한 감각과 화려하고 섬세한 문체로 표현해 낸다. 그리하여 기행문이라는 기록성을 훌쩍 뛰어넘어 서경과 서정이 잘 조화된 문학작품으로 승화시켜 낸 것이다. 지금도 머릿속에는 이런 몇 구절들이 감동으로 남아있다.

"만학천봉이 한 바탕 흐드러지게 웃는 듯"

"부처님은 예불상만으로 부족해서, 이렇게 자연의 진수성찬을 베풀어 놓으신 것일까"

"산 전체가 요원 같은 화원이요, 벽공에 외연히 솟은 봉봉은 그대로가 활짝 피어오른 한 떨기 꽃송이다"

"수줍어 수줍어 생글 돌아서는 낯붉힌 아가씨가 어느 구석에서 금방 튀어 나올 것도 같구나"

"문고리 잡고 말없이 맞아주는 여관집 아가씨의 정성은 무르익은 머루알 같이 고왔다"

작가 정비석(1911-1991)은 「성황당」「졸곡제」「자유부인」 등 주옥같은 작품을 남긴 소설가이지만, 나는 오히려 이 한 편의 수필 「산정무한」으로 그의 작가적 명성을 얻지 않았는가 생각한다. 내가 지리산으로 수필가가 된 것 역시 이 「산정무한」과 무관치가 않음을 고백하지 않을 수가 없다.

교사도 사람인지라 특별히 좋아하는 단원이 있기 마련이다. 나의 경우는 송강 정철의 「관동별곡」과 수필 「산정무한」을 유별나게 선호했다. 이 단원을 가르칠 때면 신이 나고 목소리가 커진다. 학생들의 웬만한 잘못도 그냥 넘어간다. 그러면서 "애들아 난 요즘 이 단원을 가르치는 재미로 출근한단다"라고 말할 정도였다.

 모처럼 이 오래된 수필 「산정무한」을 읽어보는 시간을 가질 수가 있어 행복하다.

나는 자연인이다

'나는 자연인이다'는 방송프로그램의 이름이다. 어쩌다 이 프로의 본방송을 놓친 경우에는 반드시 재방송을 볼 정도로 열렬 팬이 되었다. 인기개그맨이 찾아가 며칠을 함께 보내며 자연스럽게 인터뷰하는 형식을 취하는데 한 시간 정도 방영한다. 그 내용의 근간은 지리산처럼 깊은 산골에 들어가 혼자 사는 사람의 일상을 있는 그대로 담담하게 보여주는 간단한 이야기 구조다.

자연인들의 사연은 저마다의 각별함이 있지만 현재의 상황은 거의가 동일하다는 공통점이 있다. 불치의 병으로, 사업에 실패하여, 그냥 자연이 좋아서 등의 이유로 자연 속에 들어왔지만 지금은 너무나 만족하고 행복하다는 것이다. 도시에서 그 어떤 직위와 명예를 주어도 결코 다시는 돌아가지는 않겠다는 다짐도 모두들 같다. 자연이야말로 모든 것을 치유할 수 있으며 어떤 낭패감이라도 보상해 준다는 논리인데 함께 동의하게 된다.

내가 이런 단순구조의 프로그램에 빠져들게 된 이유는 조금 다른데 있다. 자연으로부터의 치유와 위대함보다는 사람이 혼자서 살아갈 수 있는 힘의 뿌리가 무엇인가라는 호기심 때문이다. 근원적으로 더불어 살아야하는 인간이 혼자 사는 일은 결코 예사로움이 아닐 터이다. 하루 이틀, 며칠, 몇 개월 정도야 억지라도 살아갈 수 있겠지만 여생 전부를 혼자서 살아간다 함은 매우 어렵다고 보기 때문이다. 그런데도 화면속의 주인공들은 한결같이 말한다.

"대자연이 이웃이 되고 다정한 벗이 되어주기 때문에 혼자 사는 것에 전혀 문제가 없을 뿐만 아니라 편하고 행복하다"는 것이다.

과연 외롭지 않을까. 정말 행복할까. 아닐 것만 같다. 자연인들도 말은 그렇게 하고 있지만 표정의 한 부분에서는 쓸쓸함이 묻어나고 있음을 분명 볼 수가 있다. 득도를 하지 않고서야 혼자 사는 일이 어떻게 행복할 수 있단 말인가. 자연과 벗이 되어 대화도 사색도 할 수 있겠지만 그것은 한순간의 위안이지 인생 전부를 대체해주지는 못할 것이 아닌가.

물론 내가 미욱하고 수양이 부족해서 이를 이해하지 못하는 부분도 있겠지만 말이다. 만약 그 자연인 대신에 나를 환치시켜 본다면 나도 그럴 수가 있을까. 지금으로서는 도저히 자신이 없다. 아직은 누군가가 곁에 있어야 하고 벗들과 어울려 술마셔야 하고 해가 중천에 솟아오르도록 늦잠도 자야 한다. 화면속의 주인공처럼 새벽에 일어나 운동하고 텃밭을 돌보고 매일 산행을 하면서 약초를 캐는 규칙적인 일과 자체를 소화해 낼 수가 없다. 더구나 좋은 풍광도 함께 봐야하고 아름다운 소리도 더불어 들어야하는 속인의 경지에서 그 모든 것을 혼자서 해야 한다면 외로워서 죽을지도 모를 일이다.

좋은 노래도 몇 번이면 지루해지는 것이 사람의 마음이다. 그만큼 인간은 간사하기도 하다. 아무리 자연이 좋다할지라도 죽는 날까지 그곳만 바라보며 사는 것에는 자신이 없다.

하지만 이런 사고 자체가 사치라는 생각이 든다. 나도 언젠가는 혼자일 수도 있고 어느 날 천애의 고아가 되어 이 풍진 세상을 헤쳐가야 할지도 모른다. 문득 그런 날이 올 것만 같다. 아니, 분명 올 것이다. 인생은 근원적으로 혼자가 아닌가.

내가 이 프로에 그토록 열심히 빠지는 이유는 훗날 어느 날인가는 저 주인공처럼 혼자 살아가야 하는 두려움 때문인지도 모른다. 그리하여 불안감을 미리 연습하며 위안을 얻어두는 것이 아닐까도 싶다. 빨리 득도라도 하여 TV속의 주인공처럼 혼자서 자신감 있게 살아갈 수 있는 희망을 생각해본다. 혼자 사는 일이 당당하고 행복하다고 자신 있게 말할 수 있는 경지에 도달하는 날이 오기는 할까. 외로움이니 고독이니 하는 언어들은 사치일 뿐이라고 소리치는 사람들이 부럽기만 하다. 꿈꾸어도 노래하지 않고 두 쪽으로 깨뜨려져도 소리하지 않는 바위가 되고 싶다던 청마의 마음이 이렇게도 절박하게 다가오는 시간이다.

새로운 인생길에서

 이제 나는 33년 국어교사의 대장정을 접고 새로운 인생길을 출발하려 합니다. 지난해 말, 정년을 5년이나 앞둔 상태에서 명퇴를 생각하고, 결심하고, 행동으로 옮기고, 확정이 되었습니다. 일생일대의 모험이자 중대하고 급박한 결단이 아닐 수가 없었습니다.
 인생길에는 참으로 많은 삶의 마디가 있는 것 같습니다. 학창시절을 모두 마치고 생활인으로서 사회에 진출하는 계단, 반려자를 선택하여 가정을 꾸리는 계단, 이러한 단계에서도 힘겨운 결단을 요구하는 일들이 많지만 꿈과 희망, 젊음이라는 힘이 있기에 어떤 어려움도 극복해낼 수 있을 것입니다. 하지만 그 젊음을 다하여 일하고 퇴직을 확정짓는 일, 한 생애 전부를 마무리하고 이승과의 영원한 이별을 준비하는 과정에서 느끼는 감회는 그 어떤 것보다 절박하고 각별한 것이라 생각됩니다.
 나 역시 명퇴를 결심한 시점에서 마음이 매우 복잡하고 미묘했습니다. 분명 내가 원해서 스스로 한 결정임에도 불구하고 마치 무능해서 밀려 나가는 것만 같고 울컥울컥 서러워서 괜히 눈물도 나고 그랬습니다. 물론 직장이라는 것이 마음 편하기만 하고 자유롭기만 한다면야 법이 보장하는 정년을 앞두고 나올 생각 자체를 하지 않겠지만 말입니다.

방학이 되면 하는 일이 없어도 바쁘고 설레고 분주하기만 한데 명퇴가 결정된 지난 겨울방학은 아득하고 막막하기만 했습니다. 자고나도 시간이고 일주일이 지나도 시간뿐인데 남은 인생 모두가 시간뿐이라는 생각을 하니 갑자기 숨이 막힐 것만 같았습니다. 그렇게도 원하던 자유인데 말입니다. 평생을 학교만 다녔는데, 분초를 맞추는 종소리에만 맞추어 움직여 왔는데, 그 모든 것이 한 순간에 멈춰버린다는 사실이 마냥 두렵기만 했습니다. 지난날 퇴직한 선배들에게 그 소감을 물으면, 거의 대부분이 '지낼 만하다. 노는 것이 참 좋다. 오히려 더 바빠' 등의 대답을 예사로이 들은 것 같은데, 그 말씀이 사실이라면 득도를 한 분들이 아니고시야 도달할 수 없는 경지라는 생각도 들었습니다. 분명 그랬습니다.

그런 미혹과 혼돈의 나락으로 헤매는 내게 문학은 구원이었습니다. 제2의 인생길을 갈수 있는 거룩한 성소가 되었으니까요. 때마침 마산대서 교양학부 교수 공채가 있었고 작가적 자존심으로 응모를 하였는데 대학은 나를 선택하였습니다. 실로 꿈같은 일이 일어난 것입니다. 지리산 수필가이고 교과서 작품 수록 작가이고 고등학교 문학교과서 필자라는 스펙 덕분이기도 할 것입니다만 본질이 그런 것만은 아닙니다. 나는 아직 건강하고 30년을 한 자리에서 국어교육에만 매달렸고 오직 수필가라는 외길만 걸었습니다. 지금부터 그런 본질을 겸허하게 보여드리고 싶습니다. 그것은 물론 나의 작가적 열망과 학생들의 교육을 통해서입니다.

참 삶이 무엇이며 따뜻하게 사는 길이 무엇이며 조국에 대한 충성과 어른에 대한 공경을 왜 해야 하는 것이며, 왜 정의와 진실이 참되고 바르게 사는 것이 소중한 것인지를 가르칠 것입니다. 그것이 삶에서 전공과목보다 더 가치 있는 것임을 알게 할 것입니다. 학생들뿐만 아닙니다. 성인을 대상으로 한 평생교육원에서는 나의 이름을 건 수필교실도 개설하였습니다. 문학 지망생들이 성황리에 등록을 마쳐 기분 좋은 첫출발을 합니다. 명실공히 수필지도자로서의 길을 열어준 대학에도 보답하고 싶습니다.

이제 문학은 문인들만의 몫이 아닙니다. 독자가 더 중요한 시대로 접어들었습니다. 문학은 감동을 넘어 치유의 단계로 가고 있습니다. 노인인구가 급증하는 현실에서 문학치료는 중요한 화두로 떠올랐습니다. 글쓰기를 통하여 상처 입은 영혼들을 치유하는 데 온힘을 다할 생각입니다. 또한 수필가를 희망하는 지역의 인재들을 지속적으로 모아, 이들에게 올바른 문인의 길과 가장 인간적인 문학의 도를 함께 토론하고 공부해가고 싶습니다. 그렇게 작가의 꿈을 펼치고 싶습니다.

새학기 대학캠퍼스는 젊음과 낭만의 물결로 출렁입니다. 오늘따라 3월의 봄 햇살이 유난히 따사로운 한나절입니다. 청춘들의 미래에 대한 아름다운 꿈과 함께 나의 모든 인간적인 역량을 풀어내고 싶습니다.

제3부 떠나고 만나는 설렘

백성이 주인인 산

민주지산(岷周之山), 이름이 이채로운 산이다. 그 지명의 유래는 모든 둘레가 졸고 있다는 뜻의 면주지산(眠周之山), 온 산에 구슬이 묻혀 있다는 민주지산(珉周之山)으로 불리는데 주변이 모두 산으로 덮여있다는 현재의 민주지산(岷周之山)이란 이름은 일제 때 정착된 것이다. 산악인들은 '백성이 주인인 산'이란 뜻의 민주지산(民主之山)으로 풀이한다.

8월 5일 새벽 2시 30분, 마산을 빠져나간다. 구마고속도로를 지나 대구에서 경부고속도로로 진입하여 황간 나들목에서 바로 우회전하여 이정표를 따라 '물한계곡'주차장에 도착한 시간은 아침 5시다.

계곡은 아직도 잠에서 깨어나지 않은 채 깊은 침묵에 빠져 있다. 참 청승맞다는 생각도 든다. 불타는 젊음도 아니고 오십을 바라보는 나이에 무엇을 위하여 이렇게 이른 시간에 허겁지겁 달려왔느냐고 자문해 본다. 그저 산이 좋아 왔노라고 답하기에는 너무 어울리지 않는다는 생각이다. 그럼 현실도피처로서의 이상향을 찾아온 것인가. 실없이 웃고 만다. 주차를 하고 배낭을 챙기고 등산화 끈을 조여 매고 담배 한 대 피우고 이것저것 주변을 살피다보니 시간은 잘도 흐른다.

5시 30분, 계곡 위 황룡사 입구에서 산행을 시작한다. 민주지산은 삼도봉과 석기봉, 각호산과 하나의 덩어리로 이루어져 있다. 해발 1천 미터가 넘는 산이 네 개나 연결되어 있는 커다란 산군이다. 삼도봉, 석기봉, 민주지산으로 산행순서를 잡는다. 왼쪽으로 계곡을 끼고 평탄한 길이 이어진다. '물한계곡'이다. 우리나라 최대 원시림 중 하나로 손꼽히는 계곡. 태고의 신비를 간직하고 있어 여름이면 피서객들로 인산인해를 이루는 곳. 입구에서부터 굳은 철조망을 치고 군데군데 출입문을 만들어 놓았다. 피서객들의 무질서한 출입을 통제하고 있는 것이다.

한참을 올라가니 쭉쭉 뻗은 잣나무 숲이 펼쳐진다. 이국의 땅이 아닌가할 정도로 숲은 화려하고 방대하다. 어디선가 휘파람소리가 들려온다. 이 이른 아침에 누가 벌써 산에 올라와 휘파람을 부는가 싶어 살펴보니 새소리다. 계곡을 올라갈수록 온 산이 습기로 가득하다. 여름이란 계절 때문인가. 마치 거대한 물안개 지역을 지나가고 있는 것 같다. 습한 산이다.

1시간 반 후, 약수터가 나온다. 수량도 풍부하고 휴식하기 좋도록 터까지 닦아놓았다. 준비해간 도시락으로 아침식사를 한다. 삼도봉 안부아래까지 온 모양이다. 안부 능선에 도착하니 넓은 네 갈래 길이 나 있다. 어린 시절 뛰놀았던 고향의 뒷산처럼 편안하다. 억새풀, 원추리, 참나리, 패랭이꽃 등 야생화가 무더기로 피어있다. 화려한 표지리본들이 너울너울 반긴다. 바로 넘어가는 길은 김천시 부황면 해인리로 연결된다. 왼쪽으로 난 능선 길은 황악산 넘어 궤방령으로 뻗어가는 백두대간 줄기다.

오른쪽 삼도봉(1177m) 정상에는 용이 여의주를 받치고 있는 모습의 삼도화합 탑이 화려하게 조형되어 있다. '태백산맥에서 분기하여 동서로 뻗어 내린 소백산맥의 큰 봉우리로 충청도 경상도 전라도가 이곳에서 갈린다 하여 삼도봉이라 하였다'는 글귀가 돌에 새겨져 있다. 주위로는 만개한 원추리가 고적하고 쓸쓸하게 피어있다.

  이곳은 조선 태종 때 조선을 8도로 분할하면서 삼남의 분기점이 되었다. 삼국시대 땐 신라와 백제가 격전을 치르며 세력의 균형을 유지했고, 이후로 삼도의 지리적 행정적 경계인 동시에 방언의 경계구역으로 고착되었다. 길도 세 갈래다. 우리가 올라온 길과 서쪽으로는 전북 무주군 설천면 대불리와 경북 김천시 부항면 해인리에서 오르는 길, 북쪽으로 석기봉과 민주지산 가는 길이다.

  전망이 좋다. 갈 길을 바라보니 겹겹이 쌓인 산 능선 사이로 송곳처럼 솟은 석기봉과 저 멀리 장쾌한 능선을 따라 아련한 민주지산 정상이 가물거린다. 뒤돌아보니 지리산에서 출발해 덕유산을 거쳐 멀리 황악산으로 치달리고 있는 백두대간의 줄기가 장엄하고 광활하다. 사방은 온통 산들로만 아득하고 겹겹이 둘러쳐져 있다. 이 지울 수 없는 원초적 그리움들이 나를 자꾸만 산 속으로 이끄는 것이리라. 석기봉을 바라보며 걸음을 재촉한다. 갑자기 천둥소리와 함께 후둑후둑 빗방울이 떨어진다. 주변은 거대한 8월의 푸름뿐이다. 한바탕 소나기가 지나간다.

  9시, 거대한 암벽으로 이루어진 석기봉이다. 전망은 삼도봉 보다도 더 화려하고 장쾌하다. 내려가는 길은 아주 미끄럽다. 하늘이 보이지 않을 만큼 숲은 울창하다. 길도 좋아 여름산행지로 제격이다. 평평한 바위에 앉아 한바탕 담소의 꽃을 피워보기도 한다. 세상의 물욕과 근심들은 티끌처럼 사라진다.

무명봉을 지나 약간 오른쪽으로 방향을 트는 순간 깜짝 놀란다. 뱀 두 마리가 길을 가로막는다. 덩치에 어울리지 않게 놀라 소리를 치는데 길섶을 보니 서너 마리가 더 혀를 날름거린다. 전생에 무슨 인연이 있어 이 깊은 산중에서 너희들을 만난단 말인가. 다음 생에는 사람으로 태어나 깊은 산 속을 헤매지 말고 끝없는 정진을 거듭하여 성불하여라. 이놈들아.

민주지산 0.8Km, 마지막 고비다. 땀이 흐르고 또 흐른다. 온갖 오욕과 번뇌와 미움의 찌꺼기가 빠져나가는 것이라 생각하며 정상을 향하여 힘을 쏟는다. 10시에 1242의 정상에 선다. 확 트인 조망, 동북으로 각호산, 지나온 삼도봉, 석기봉 능선. 그 뒤로 신기루처럼 둘러쳐진 백두대간의 줄기. 사방 어디를 둘러보아도 산 산. 산외는 아무 것도 없다.

역사의 주인은 사람이 아니라 이 아득한 자연이라는 생각이 든다. 그 역의 개념으로 이 산을 '백성이 주인인 산' '민주지산'으로 생각하고 싶은 것이다. 정상은 포근하다. 머리 위에는 한 여름의 태양이 이글거리는데도 포송 포송 솜털에 안긴 기분이다. 민주지산의 정상은 우리를 오래오래 머물도록 자꾸만 잡아끄는 것 같다. 그래서인가. 사람들은 이 산을 '무욕(無慾)의 산'이라고도 부른다. 그렇다. 이 산은 여느 산과는 달리 내세울만한 것이 아무 것도 없다. 천년 고찰도 화려한 풍경도 이름난 폭포나 기암괴석도 없다. 어느 해 2월에 바로 여기서 우리의 젊은 국군특전용사들이 천리행군도중 생을 마쳤다는 사연을 생각하며 깊은 묵념을 올리지 않을 수가 없다.

각호산이 아련하다. 호랑이가 살고 있다는 산, 오늘 우리에게는 지척이 천리로 보일 뿐이다. 각호산 쪽으로 조금 내려와 황룡사 3.4Km란 이정표에서 우측으로 하산을 시작한다. 가파르기가 절벽 같다. 한 30분 정도 내려오니 갑자기 구름이 모이더니 본격적으로 비가 쏟아지기 시작한다. 변덕스러운 산중의 날씨다.

　6시간 만에 산행이 끝난다. 빗속을 내려오면서 어느 마을에 들러 삼겹살로 늦은 점심을 먹는다. 소주 한 잔에 모든 것이 아득하게 가라앉고 있다.

백제 부활의 꿈, 변산반도

어디론가 떠난다는 것은 설렘이다. 「메밀꽃 필 무렵」의 장돌뱅이 허생원이나 「역마」의 주인공 성기가 아니라도 떠나고 싶다. 꽉 막힌 일상에서 숨 막힐 것 같은 현실에서 탈출하고 싶다. 냉혹한 현실의 원칙만 지배되는 직장을 벗어나 훌훌 떠나는 일은 생각만 해도 행복한 일이다. 떠남의 시간이 비록 짧은 한 순간일지라도 삶의 생기를 충전할 수 있으리라. 그것이 여행이 주는 묘미다. 그리하여 지금 우리는 떠난다. 2년 전, 환상적인 섬 '보길도'에 대한 감동이 너무 컸던지라 아직 그 여운을 간직한 채, 그때 그 사람 그대로 서해안의 비경 '변산반도'로 향한다.

선운사 동백꽃을 보러갔더니

6월 4일 토요일 하오 3시, 2박 3일의 일정으로 마산을 출발한다. 아무런 예약도 없이 지도 한 장 달랑 들고 힘차게 시동을 건다. 명승지에 인파가 몰려 머리를 눕힐 공간이 없을지라도, 그에 대한 걱정은 누구도 하지 않는다. 마냥 즐거움뿐이다. 전북 고창읍으로 접어드는 산마루에 올라서니 서해평야 특유의 일망무제가 펼쳐진다. 멀리 평원 위로 저 아득한 서해안 쪽으로 붉게 타는 노을이 화려한 일몰을 준비하는 시간이다. 붉고 커다란 태양 밑으로 고창의 들녘이 낯선 이방인을 포근히 환영해 주는 풍광이다.

'고창읍'에서 선운사 쪽으로 가는 길목인 '상갑리' 일대는 길 주변으로 거대한 고인돌 유적지가 있다. 야트막한 산자락 밑으로 까만 고인돌이 무려 5백여 개나 즐비하게 널려 있는 진풍경이 벌어진다. 이 무덤군은 2천 5백 년 전부터 약 5백년간 이 지역을 지배한 족장의 가족묘역으로 추정한다. 청동기시대로 불리는 삼한시대 유물인 것이다. 그 앞으로 무더기로 피어있는 하얀 마가렛꽃이 소녀처럼 풋풋하다. 어둠이 몰려오는 시간이지만 무리지어 사진을 찍는다고 정신이 없다.

어둠이 완전히 내리깔린 시간, '선운사' 주차장이다. 미당 서정주 시인이 어서 오라고 반겨주는 것만 같다. 그의 시 「선운사 동구」는 선운사 입구에 시비로 새겨져 있다.

> 선운사 골째기로／ 선운사 동백꽃을 보러 갔더니／
> 동백꽃은 아직 일러／ 피지 안했고／ 막걸리 집 여자의／
> 육자배기 가락에／ 작년 것만 상기도 남았습디다／ 그것도
> 목이 쉬어 남았습디다

시인은 동백꽃이 피기 전에 왔는데 우리는 꽃이 지고 나서야 선운사를 찾은 것이다. 쓸쓸히, 그 붉은 동백꽃이 다 떨어진 이제야 왜 왔느냐고 아쉬워하는 것만 같다.

여관과 민박집은 동이나 버렸다. 시장기까지 밀려온다. 일단 저녁식사부터 해결하기로 한다. 이곳 명물 풍천장어에 복분자술을 곁들여 만찬을 시작한다. 울산이 친정이라는 주인 아주머니의 경상도 사투리가 그나마 집 못 구한 설움을 달래준다. 잔을 부딪치며 건배를 한다. 식사 후, 정읍시내로 이동하여 역사 앞 여관에서 첫날의 여장을 푼다. 여행의 첫날밤은 잠 못 이루는 법. 낯선 곳에서의 객창감은 설령 내일의 일정을 포기한다고 해도 좋을 만큼 강렬하기 때문이리라.

다음 날, 변산반도. 한반도가 토끼의 오므린 형상이라면 그 뒷다리에 해당되는 부분이 변산반도다. 땅의 기운이 유달리 강한 곳으로 알려진 곳. 1988년, 19번째로 국립공원으로 지정된 곳. 예부터 풍수지리가들이 좋은 피난처로 정해놓은 십승지지의 하나인 명당. 고려조에는 정교한 고려자기의 생산지로서 찬란한 민족문화의 꽃을 피운 곳이다.

바다를 끼고도는 외변산은 아름다운 해안선을 따라 터를 잡은 바람모퉁이 변산 격포 고사포 등의 해수욕장, 채석강 적벽강 등의 절경이 이어지며 일몰 또한 장관이다. 내륙으로 자리 잡은 내변산은 산세가 제각기 방향을 뒤틀어 무질서하나 그 무질서가 파격미를 이루어 수많은 승지를 이루어낸다. 4백 미터급들의 산들이 연이어진 사이로 계곡을 이루는 모습은 중국의 '계림'과도 견줄 만한 절경이다. 내소사, 개암사, 월명암의 천년고찰과 구암리 지석묘군, 유천리 도요지, 반계 유형원 선생 유적지도 명소다. 새만금 부안댐 곰소 젓갈항 불멸의 이순신 세트장까지 작금의 관심사까지 안고 있는 곳이 변산반도다. 이 많은 유적지를 하루에 답사할 수는 없다. 지름길을 찾아야한다. 그것은 변산반도를 관통하는 '내변산 종주산행'을 하는 일이다.

'내변산'의 초입은 원암, 내변산 내소사 남여치 등 네 개의 국립공원

매표소 중 어디에서 출발해도 좋다. 일반적인 종주의 개념은 내소사에서 남여치까지의 약 9Km구간이다. 5년 전 겨울, 이 길을 완주한 적이 있는 나의 생각으로서는 오늘 식구들이 통과하기엔 무리다. 가능하다 해도 다섯 시간 이상은 소요될 것이다. 하지만 무조건 가자 한다. 좋다, 가보자. 문제가 생기면 중간에서 빠지는 길도 있으니까.

10시 40분, '내소사매표소'를 들어선다. 발걸음도 가볍다. 하늘을 찌를 듯한 전나무숲길이 마음을 풍선처럼 부풀게 한다. 넓고 시원한 입구는 편안하게 어루만지며 끌어안는다. 이정표는 내소사 경내를 들어가기 전 좌측으로 안내를 한다. 조그마한 다리 하나를 건너면서 본격적인 산행이 시작된다. 진한 풀냄새가 코끝에 머문다. 시작부터 한바탕 치고 오르자 가슴이 탁 트이는 첫 번째 고개마루다. 첩첩이 골짜기요, 보이는 것은 우뚝우뚝 솟아오른 산봉우리뿐이다. 바닷가 작은 반도의 4백 미터대의 산이라고는 도저히 믿기지 않는 웅혼함이다. 내소사가 환히 내려다보인다.

백제 부활의 꿈

내소사. 관음봉, 세존봉이 병풍처럼 둘러싸인 곳에 아늑히 자리 잡은 사찰. 백제 무왕 때 혜구 두타스님이 '소래사'란 이름으로 창건한 절. 백제가 멸망할 때 당나라 장수 소정방이 시주하였다고 하여 '내소사'로 이름을 바꾸었다는 곳. 모든 것이 이루어지고 소생한다는 뜻을 가진 내소사. 그 내소사를 시야에서 밀어내며 다시 비탈을 오른다.

관음봉삼거리까지 1.2Km의 구간은 오르막이다. 더구나 바위산이다. 바위산은 아름답지만 쉽게 지친다. 바위에는 땅에서 올라온 지기가 응축되어 있기 때문이다. 산중에 솟아 있는 평평한 너럭바위는 도인들이 수행하던 장소라고 보면 된다. 변산 일대는 예로부터 도를 향한 수행자들이 끊이지 않았다. 뒤로 멀리멀리 아득히 펼쳐지는 서해가 있기에 그 고통의 순간들을 씻어주는 것이리라.

'재백이고개'부터는 평지로 접어든다. 아기자기한 오솔길, 산상이 평원인 특이한 지형의 편안하고 아름다운 길이다. 송사리가 떼를 지어 노는 실개천이 흐르고, 층층나무과에 속하는 십자모양의 하얀 산딸꽃이 흐드러지게 피어있는 곳도 지난다. 애절한 두견새의 울음소리는 가슴 후벼파는 설렘으로 다가온다. 그렇게 '직소폭포'에 이른다.

직소폭포, 변산반도의 중심에 해당되는 부분, 푸른 신록 사이로 시냇물이 흐르고 그 시냇물이 떨어지는 곳에 30여 미터의 하얀 물줄기가 떨어지며 폭포와 파란 소를 이루는 곳. 신록과 물줄기가 어우러진 모습이 원시적 환각의 무지개처럼 찬란하다. 폭포의 물줄기 밑 바위위에서 김밥으로 점심을 먹으며 어린아이처럼 즐거워한다.

산상의 호수도 지나간다. 산과 호수가 어울려 한바탕 초하의 향연을 벌인다. 변산반도의 중심을 통과하는 것이다. 월명암까지는 또 새로운 산 하나를 넘어가야 한다. 마지막 체력을 쏟아부어야할 때다. 반시간 쯤 오르자 좌측으로 시원한 전망대가 있다. 미끄럼 방지를 위해서 쇠파이프로 얼기설기 울타리를 쳐 놓았다. 천혜의 비경이다. 지나온 산봉우리들이 나당연합군에게 패망하는 조국을 붙들고 통곡하는 백제의 장수들처럼 처연해 보인다.

월명암을 1.2Km 남겨둔 봉우리에 올라선다. 멀리, 아련히 '낙조대' 밑으로 월명암의 지붕이 보인다. 하얀 눈 속에 고적하게 묻혀있던 겨울 월명암과는 선명한 대조를 이룬다. 인간의 그 어떠한 화려한 옷보다 고매한 차림으로 갈아입은 자연의 아름다움이 경이롭다. 우거진 나무들은 잘 다듬어 놓은 녹색 융단처럼 황홀하다. 포근하고 안락하다. 쌓였던 피로가 풀리는 듯하다. 산상의 감미로운 산책로, 천상의 길을 걷는 기분도 이 같을지 모르겠다. 월명암은 이렇게 풍요롭고 기쁨으로 맞이해 준다.

월명암, 변산 제2봉 쌍선봉 아래에서 신라 신문왕 때 부설선사가 창건한 암자. 임진왜란 때부터 소실과 중창을 반복하다 1954년 원경스님이 중건한 것이 오늘의 월명암이다. '부설전'에 얽힌 애잔한 전설과 망월대에 솟는 달, 운해, 낙조가 월명3경으로 알려져 있다.

확 트인 북쪽을 바라보니 희끗희끗 수많은 암봉들이 꽃송이처럼 찬란하다. 나라 잃은 백제 민중들의 통곡소리가 들리는 것만 같다. 저 산봉우리 속에는 변산 최고의 봉우리 '의상봉'도 있을 것이다. 그 밑으로는 옛날, 패망 백제의 유민으로 태어난 진표율사가 팔다리가 떨어지는 고행 끝에 득도한 불사의방(不思義房)이 자리 잡고 있다. 한국 미륵신앙의 발원지이자 백제부흥군의 최후 저항지가 된 그 신비의 땅 말이다.

남여치매표소까지 2Km의 하산 길은 진득한 내리막이다. 망망대해의 서해안도, 평화롭고 옹기종기한 마을도, 모두가 한 폭의 그림이다. 모두들 지칠 시간이고 거리지만 피곤한 기색하나 보이지 않는다.

저녁 다섯 시가 되어 '남여치매표소'에 떨어진다. 무려 여섯 시간의 대장정이었다. 내소사앞 주차장에 세워둔 차를 회수하여 '부안'으로 떠난다. 조용하고 따뜻한 부안에서 마지막 밤을 보내기 위해서다.

두 할아버지가 웨이터가 되어 운영하는 한 식당의 한정식은 깊은 맛과 운치가 있다. 하루의 일정을 정리하며 긴 산행의 하산 주를 마시는 일은 성스러운 의식이다. 누구도 낙오되지 않은 산행이었기에 그 무용담 또한 크고 진지하다. 소주 맛이 물맛이라며 사양도 없이 연거푸 잔을 비워댄다. 내일을 걱정하는 사람은 없다.

돌아가야 할 날이 밝았다. 아쉬움과 서글픔이 문제다. 아무도 입을 열려고 하지 않는다. 삶의 터전인 직장은 늘 냉혹하기 때문이리라. 하기야 그런 긴장감이 없다면 그 긴 세월을 버텨내기도 어려울 것이다.

오는 길에 88고속도로 '지리산휴게소'에 잠깐 들른다. 기념탑위에서 바라본 6월의 지리산이 장엄하고 웅걸하다.

눈 내리는 전주의 밤

눈이 내린다. 펄 펄 수준이 아니다. 앞을 가리기 힘들 정도의 흰 눈이 펑 펑 쏟아지고 있다. 퍼붓는다는 말이 옳은 표현일 것 같다. 영하 10도를 오르내리는 날씨에 비바람까지 몰아치니 시야를 분간하기도 어렵거니와 몸까지 바싹 움츠러진다. 수십 년만의 추위라고 매스컴도 연일 야단법석이다. 내일부터는 이번 눈으로 제주공항을 당분간 폐쇄한다는 소식도 있다.

그 폭설 속에서 열 명이 넘는 이방인들이 움직이는 눈사람이 되고 얼음 보숭이가 되어 '전주풍남동'의 낯선 밤거리를 걷고 있다. 걷는다기보다 넘어지지 않으려고 각자 특유의 포즈를 취하면서 헤매고 있는 우스꽝스러운 모습이다. 인적 끊어진 텅 빈 거리에는 모든 것이 정적 속에 잠겼고, 가로등불마저도 눈 속에 갇혀 힘겹게 빛을 토해낼 뿐이다. 정해진 목적지가 있는 것도 아니고 그냥 막걸리 집 하나 찾기 위해서다.

1월 22일, '르윈호텔'에서 《수필과 비평》이 주최하는 문학행사를 마치니 저녁 9시가 훌쩍 넘어선다. 이미 반쯤 취흥이 오른 상태이기도 하지만, 그 시간에 각자 방으로 들어가 잠들 수는 없지 않은가. 함께한 경남의 문인 열두 명은 안내자도 나침반도 없이 그냥 무작정 용감하게 거리로 뛰쳐나왔는데 이렇게 함박눈이 반겨주는가 싶다. 환영치고는 너무 지나치다는 생각이 들 정도다. 아니다. 얼마나 기다린 눈인데, 얼마나 반가운 눈인데 이건 분명 축복임이 분명하다고 위안을 해본다. 잠시, 먼 유년 시절 고향에서 맞이했던 그날의 설경으로 환치되기도 한다.

골목 몇 개를 어렵사리 돌아든다. 드디어, 소복하게 덮인 눈 더미 사이로 희미한 선술집 간판 하나 보인다. 길을 잃은 양떼가 주인을 만난 반가움으로 허겁지겁 안으로 들어선다. 경남에서 이 집을 찾아 이렇게 왔노라고 말문을 열자 놀라면서 반겨주는 안주인의 따스함이 어머니처럼 편안하다. 난롯가에 앉은 두어 명의 남자 손님도 잔을 기울이다 자리를 내어주며 정겨운 눈인사를 보내준다.

대충 눈을 털어내고 좌정을 하고 홍어, 낙지, 두부, 김치찌개 등의 안주를 푸짐하게 시키고 막걸리 한 순배를 돌리니 조금 정신이 든다. 난롯가의 손님은 상호 의견이 맞지 않는지 가끔 얼굴을 붉히며 큰소리를 내지르고 서로에게 삿대질을 해대기도 한다. 그러면서도 우리 일행을 환영하는 데는 같은 자세로 웃음 머금은 표정을 지어 보인다. 그 역설적인 모습이 너무 인상적으로 마음 깊숙이 새겨진다. 전주사람들의 인심이 이런 것이란 표현할 수 없는 감동이 전해졌기 때문이리라. 사람에게는 분명 언어를 초월하는 소통의 통로가 있음을 확인하는 순간이기도 하다.

우리도 본격적으로 친교와 유흥의 시간을 펼친다. 젓가락 장단에 맞추어 돌아가면서 각자의 끼를 발산하는 자리가 된다. 노래를 부르기도 하고, 시낭송을 하고, 또 어떤 이는 좋아하는 작품의 한 구절을 읊는다. 내 차례가 되어서는 느닷없이「홍도야 울지마라」를 소리 높여 불러본다.

     사랑을 팔고 사는 꽃바람 속에 너 혼자 지키려는 순정의 등불....아내의 나갈 길을 너는 지켜라.

그 옛 노래 한 자락이 자꾸만 가슴을 파고드는 밤이었을까, 한 여류수필가는 김광균의 시「설야」를 율격에 맞추어 낭송하며 분위기를 고조시킨다.

     어느 머언 곳의 그리운 소식이기에/이 한밤 소리 없이 흩날리느뇨//처마 끝에 호롱불 여위어 가며/서글픈 옛 자췬 양 흰 눈이 나려//하이얀 입김 절로 가슴이 메어/마음 허공에 등불을 켜고/내 홀로 밤 깊어 뜰에 나리면//머언 곳에 여인의 옷 벗는 소리//

이 밤에 딱 맞는 시다. 그렇게 전주의 밤은 무르익어가고 빈 술잔은 늘어만 간다. 모처럼 두드려보는 젓가락 장단에 모두들 신명이 나고 각자의 추억에 젖어들기도 했으리라.
  그러는 사이, 멋진 중년신사 한 분이 언제 다가왔는지 한 말씀만 하자신다. 너무나 분위기가 좋아 노래 창 한 곡 축가로 부르고 싶단다. 큰 박수로 맞는다. 신사는 신명나게 노래를 부르고 우리는 장단을 맞춘다. 묻지도 않았는데 자기는 경상도에서 공부한 적도 있고 밀양으로 장가를 왔으며, 아내의 음식솜씨는 영 아니지만 그래도 맛있다고 말한다며, 몇 년 전까지만 해도 전북예총에서 간부로 일했다고 자기소개를 한다. 결국 그렇게 잔이 오가고 영호남의 예술인이 하나로 어우러지고 만다.

 폭설과 인정이 어우러진 전주의 밤은 이렇게 깊어간다. 얼핏 밖을 내다보니 눈은 그칠 줄을 모른다. 더 펄 펄, 펑 펑 쏟아져 내린다. 내린 눈은 쌓이고 쌓여 온 세상이 눈 속에 묻혀가고 있다. 그럼에도 내일 아침을 걱정하는 사람은 아무도 없다.

 이 아득한 인연은 어디로부터 연원된 것이며 어떻게 이어질지 자못 설레기만 한다. 무엇인가 새로운 역사가 시작될 것 같은 희망 하나가 불현듯 스치고 지나간다. 오래 기억될 전주의 첫날밤이다.

연지분 잇내마는

　8월의 태양이 이글거리는 여름의 중심에서 남도일원을 둘러보았다. 여수, 순천만, 낙안읍성, 5.18묘역을 거쳐 금성관이 있는 나주에서 1박, 다음날 담양 가사문학관을 돌아 벌교를 거쳐 마산으로 돌아오는 빡빡한 일정이었다.
　창신고등학교 편집위원 학생들과 함께한 문화기행이어서 더욱 뜻깊었지 싶다. 대학 후배 김병일 선생의 초청이 있었음이다. 내가 교지특집의 주인공이 된다나 어쩐다나. 김 박사는 대학에서 십여 년 국어학 강의를 한 적도 있는 학자이면서 문학적 감성이 풍부한 교사다.
　평생을 여고에서 근무한 나로서는 남학생들의 기개 넘치고 순수한 이미지가 신선한 충격이었다. 나이도 잊어버린 채 아이들과 동화되어 여행의 즐거움은 배가 되었다. 학생들은 가사문학관과 소설 『태백산맥』의 주요배경을 둘러본 것을 좋아했다. 나의 문학강의에 귀 기울여주었고, 벌교 홍교에서는 다리가 꺼질 정도로 높이 뛰어오르기도 했으니 말이다.
　인상에 남는 곳 역시 '한국가사문학관'이다. 최고의 문학관답게 곡선미 넘치는 우람한 기와집으로 지어진 외관도 고풍스러워 보였다. 조선시대 민간정원의 원형을 간직한 '소쇄원'을 곁에 두고 자리한 것도 예사롭지 않지만 야트막하게 둘러싸인 산들이 온화하고 포근하게 감싸주어 그리운 고향을 찾아온 것 같은 편안함도 느낄 수 있었다. 푸른 잔디와 물레방아가 정겨웠으며 탐스럽게 익은 조롱박과 화사한 능소화의 미소도 고왔다.

가사는 고려 말부터 이어져온 문학갈래로 운문적 성격이 강하면서도 서정 서사 교술의 다양한 요소를 지닌 고유의 문학이다. 2층에는 가사와 관련된 희귀본들이 전시되어 있었는데 많이도 설 다. 그 중에서도 송강 정철의 「사미인곡」 전문이 오래 발길을 끌게 했다. "이 몸이 삼기실제 님을 조차 삼기시니"로 시작해 "님이야 날인줄 모라서도 내 님 조차려 하노라"로 끝나는 작품이 유려하게 시야에 들어왔다.

작가가 50세 때인 1585년 반대파의 탄핵으로 관직에서 물러나 고향 창평에 머물 때 지은 것이다. 임금인 선조를 사모하는 연군의 정을 한 여인이 이별한 남편을 그리워하는 마음에 비겨서 노래하고 있다. 연정을 심화시키는 점층적 표현과 절묘한 언어기법이 돋보이며 우리말로 표현되었다는 점이 특별히 주목된다.

「속미인곡」과 더불어 가사문학의 절정을 이루며 고려속요 「정과정」 곡의 맥을 잇는 연군지사다. 핵심어는 결사 부분의 "찰하리 어디여 범나 되오리라", '차라리 죽어서 호랑나비가 되리라' '임의 곁에 머물 수만 있다면 목숨마저도 내 놓을 수 있다'는 것으로 파악하는 것이 일반적인 견해다.

나는 이 작품의 절창을 조금 다르게 본다. 그것은 서사 부분의 "연지분 잇내 마는 눌 위하야 고이할고" 즉 '연지와 분이 있다마는 누구를 위하여 예쁘게 화장을 할고'에 방점을 두고 싶다. 잘 보일 대상이 없는 세상, 그것은 절망일 것이다. 여기서 그 누구란 단순하게 충성할 임금과 사랑하는 임이라고 해석하는 것이 통설이지만 그 이상일 수도 있다. 만해 한용운 시인은 "님만 님이 아니라 기룬 것은 다 님이다"라고 시집『님의 침묵』군말에서 강조하지 않았던가.

사람은 누구나가 마음속에 품고 있는 소망 하나쯤은 있을 것이다. 그 대상은 사랑일 수도, 진리일 수도, 이념일 수도, 세속적인 명예일 수도 있다. 그 소망은 사람에 따라 다양하겠지만 사람을 살아가게 하는 마지막 보루요 희망이다. 그것 때문에 때로는 인내하며 수많은 고통마저도 감내하는 것이리라. 또한 그러한 과정이 인간의 삶이 아닐까. 그런데 그 대상이 무너진다면, 예쁘게 단장해 보여줄 그 누군가가 없다면, 꿈도 사라지고 진정 세상을 살아갈 모든 동력을 잃게 될 것이리라. 그러한 메시지를「사미인곡」은 강력하게 전해주는 것이 아닌가하는 생각을 해보는 사이 아이들은 저만치 멀어져가고 있었다.

순간적으로, 누군가를 가슴에 품고 산다는 것은 위험한 곡예를 하는 일이기도 하나 예술을 창작하는 이들에게는 창작의 영감을 담은 샘을 하나 가지고 사는 일이라는 어느 작가님의 글귀 한 구절이 머리를 채우고 있었다. 그러면서 나의 그 누구는 무엇일까를 자연스럽게 생각해 보는 순간이 된다. 나는 누구를 위하여 연지분을 바르고 예쁘게 단장을 할 것인가.

내 창작의 샘은 어디로부터 시작되는 것일까. 내가 젊은 날 동분서주 추구했던 문학은 근원적으로 역마살과 방랑과 막연한 그리움을 먹고 태어나는 바람같은 존재였을지도 모른다. 그럼으로 인해 얼마나 많이 힘든 날도 있었던가.

이제 나는 젊지 않다. 그리하여 나의 그 누구는 사람만일 수는 없다. 분명한 것은 죽는 날까지 문학의 길을 걸을 것이라는 사실이다. 나의 문학 속에는 흘러가는 것에 대한 아름다움과, 기억하고 싶지 않은 과거의 망각과 죽음에 대한 순리와 영원에 대한 깨달음을 담아내고 싶다. 그렇게 흘러가야 할 것이다. 물처럼 노을처럼 조금씩 서서히 사라지는 일에 대하여 익숙해져야 하리라.
 오는 길에 들른 '태백산맥문학관'에는 이념으로 인해 스러진 젊은 영혼들이 아비규환으로 절규하고 있었다. 그들은 누구를 위하여 연지분을 발랐을까.

작은 거인 일본 회상기

첫 외국여행으로 일본을 다녀왔다. 근무하는 학교의 해외연수단 일원이 된 것이다.

8월3일, 부산항에서 배가 출발하기 때문에 새벽부터 서두른다. 문제는 태풍이다. A급 태풍 "올가"가 북상 중에 있으며 한반도를 강타할 것이라는 보도 때문이다. 국제선 터미널에 도착하니 사람들의 수근그림은 있었으나 사무실은 평온하다.

"비틀 2세"

우리나라의 요란스러운 일기예보와는 달리 이 배의 TV에서는 어린이 프로를 태평스럽게 진행하고 있다. 일본의 자존심이 느껴진다.

좌석은 삼분의 일도 채우지 못한 채 출발한다. 한 시간 후 바다 위에 길게 뻗어있는 뱀 같은 대마도를 통과하는데 왠지 황량함이 느껴진다. 3시간 후에 후쿠오카 항에 도착한다.

일본의 첫인상은 우리나라의 여느 도시와 크게 다를 바가 없다. 다만 조용하고 깨끗하며 왕복차선이 우리와는 정반대로 되어 있다. 자동차의 운전석도 오른쪽이다. 우리의 여행지는 북큐슈다. 일본 네 개의 큰 섬 중 가장 남쪽에 위치해 우리나라에서 가장 가까운 곳이다. 온천과 화산으로 유명하며 공업지대가 거의 없다.

큐슈는 무엇보다 자매학교 타마나여고(玉名女高)가 있는 곳이고, 일본인 친구가 있고, 지난해 우리 집에서 10여일 머물다간 여고생 사찌코(石原幸子)와 그녀의 가족이 사는 곳이다. 갑자기 그들이 그리워진다.

후쿠오카 - 나가사키 - 운젠(1박) - 시마바라 - 쿠마모토 - 타마나 (1박)- 아소 - 벳부(1박) - 후쿠오카(1박)로 일정을 잡는다. 교통편은 '큐슈레일패스'로 하고 특별한 경우 버스나 택시를 이용하기로 한다.

13시 17분, 후쿠오카 발 나가사키 착 열차에 몸을 싣는다. 남녀노소 일본인들이 각양각색의 모습으로 기차에 올라, 정담을 나누는 모습에서 마치 고향열차를 탄 것처럼 마음이 부푼다.

나가사키(長崎), 지금으로부터 400년 전만 해도 작은 어촌에 불과했던 곳에 한 척의 포르투갈선이 들어옴으로써 서양문물의 씨를 처음 뿌린 곳. 이후 중국, 네델란드를 비롯한 사람들이 찾아오고, 교회가 세워지고, 학교와 병원 사찰이 들어선 그 역사의 현장을 볼 수 있는 곳. 시내 전체가 거대한 역사박물관으로 자리 잡았을 뿐만 아니라 이국적 정서가 흘러넘치는 국제무역항이다. 먼저 달려간 곳은 오우라 성당이다. 스테인드글라스의 이국적인 색채가 인상적인 이 성당은 일본 최초의 가톨릭 순교자 26성인을 기린다.

저녁 6시에 운젠으로 가는 버스를 탄다. 처음 타본 일본의 버스. 할아버지, 할머니, 아저씨, 아주머니, 통학하는 학생들의 질서정연하게 내리고 타는 모습. 친절한 운전기사. 구간 구간마다 컴퓨터화면으로 계산되는 요금. 모든 것이 신기하다고 생각하는 사이 밖에서는 어둠이 깔리고 있다. 버스는 산을 넘고 마을을 지나고 해안을 따라 달리는데 갑자기 유황냄새가 세차게 몰려온다. 첫 1박을 할 온천휴양지인 국립공원 운젠에 도착한 것이다.

숙소 예약을 아니 했기에 이곳저곳 거리를 기웃거리며 찾은 곳은 가세야(KASEYA)여관. 일본식 집에 할머니의 미소와 친절이 두려움을 말끔히 씻어 준다. 이국에서 맞이하는 첫 밤. 말로만 듣던 일본의 다다미. 몸은 피곤하지만 잠은 오지 않는다.

2일차, 이번 여행의 핵심인 자매학교를 방문하는 기대 때문에 이른 7시에 눈을 뜬다. 식사 전에 운젠 지옥순례. 눈앞에 보이는 산에서는 마치 불이 난 것처럼 연기가 피어오르는데, 땅에서 온천물이 솟아오르는 김이다. 잘 다듬어 놓은 길을 따라 온천의 현장을 순례한다. 어떤 곳은 김이 솟아오르고, 어떤 곳은 끓는 물이 솟아오르고, 어떤 곳은 김과 물이 동시에 솟아오르고, 산과 계곡전체가 끓는 물과 김으로 뒤덮여 있다. 그 밑으로 수많은 호텔과 여관 마을로 이루어져 있는 온천지역. 한국의 온천과는 비교할 수 없는 장관이다. 끓는 온천수 속에 계란을 삶아 파는 아낙들과 노천탕의 모습을 뒤로하며 여관으로 돌아와 아침식사를 한다.

전형적인 일본정식이란다. 고추장과 김치로 맛들여진 우리의 식성으로서는 입에 맞지 않으나 밥, 된장국, 두부, 생선튀김, 노란 무 무침 등 모든 음식이 정성스럽다. 인상적인 것은 식사가 끝날 때까지 옆에서 이것 저것 도와주는 할머니의 모습이다.

10시 가세야 여관 출발. 버스는 11시에 시마바라(島原)에 도착한다. 이곳은 쿠마모토(熊本)로 가는 여객선을 타는 항구도시다. 배를 기다리는 사이 점심시간이 이르긴 했지만 육백 엔짜리 나가사키 짬뽕

한 그릇을 앞에 두고 식당에 앉는다. 식탁 위에는 짬뽕 외는 아무 것도 없다. 우동 한 그릇 시켜도 김치 등 이것저것 풍성하게 올라오는 한국의 식탁이 그리워진다.

12시 5분, 페리 호에 승선한다. 바로 앞에 보이는 쿠마모토까지는 30분 거리. 바다라기보다는 거대한 호수다. 전망이 좋은 2층으로 올라가 거실의 테이블같이 단장된 의자에 앉아서 부푼 마음을 쓰다듬는다. 쿠마모토 역에서 목적지 타마나까지는 기차로 20분 거리. 타마나 역에서 기다리고 있을 자매학교 선생님들과의 약속시간은 이미 한 시간이나 지나 있다.

타마나 역 도착. 마중 나오신 선생님들의 환송을 받으며 사카다 선생님의 승용차로 타마나 여고로 직행한다. 그리운 얼굴들이 기다리고 있다. 교장 선생님과 여러 선생님들. 지난봄 우리 집에서 딸 지혜와 함께 십여 일 동안 머물다간 여고 2년생 사찌코와 그녀의 어머니. 우리학교에 유학 왔던 마끼, 유까. 간단하게 우롱차 한 잔 마시고 기념촬영 후 학교견학에 들어간다. 조리실, 간호실습실, 도서관, 인터넷 통신실. 소박하면서도 실용성 있게 꾸며진 교육시설들이다. 이어서 타마나 시내관광.

시내 중심부에 있는 천문관에서 바라본 타마나시는 인구 5만의 시골 속의 도시라는데, 나의 눈으로는 50만 정도의 인구를 수용 할 만큼 비옥하고 아름답다. 하늘은 높고 하얀 구름들이 유유자적 흐르는 모습은 따스한 햇살만큼 마음을 포근하게 안아준다. 사방이 탁 트이고 푸른 숲 사이로 집들은 아름답게 배치되고 주변의 들녘에는 곡식들이 마지막 햇볕의 영양분을 마음껏 마시고 있다. 상상보다 훨씬 아름다운 도시다. 저녁 6시에 환송공식행사 때문에 관광을 서둘러 마무리하고

5시에 타마나 여관으로 돌아온다.

　타마나 여고 선생님들, 로타리 간부님, 육성회 임원님, 동창회 회원님, 지난해 마산을 방문해 주셨던 분들, 30여명이 환영식장을 가득 메웠다. 어찌 할 바를 몰라 하는 우리들에게 그분들은 도착 즉시로 깍듯한 예의를 표하고는 각자 지정된 자리에 앉는다. 사람들이 이렇게 겸손하고 예의바름에 놀라지 않을 수가 없다. 일본 측의 교장선생님께서 인사말씀 직후 우리 측에서는 내가 인사말을 대신하게 되었다.

　"여러분 대단히 반갑습니다. 저희 학교는 매년 4명씩 동남아, 미주, 구라파 등 해외연수를 떠납니다. 금년에 저희들의 차례가 되었고 목적지를 일본으로 선택하는 데 아무도 주저하지 않았습니다. 타마나 여고와 여러분들이 계시기 때문입니다. 여러분들이 연구하고 생활하는 모습을 보고 싶었습니다. 또한 이렇게 열릴한 환엉사시 해 주시니 무한한 감사의 말씀을 드립니다. 우리들의 우정이 앞으로도 계속 이어지길 희망합니다. 감사합니다"

　즐거운 시간을 보낸다. 사람을 만난다는 것. 사람냄새를 맡으며 대화하고 서로의 우정을 확인한다는 것. 이보다 진정한 여행의 의미가 있을까. 대부분이 마산에 오셨던 분이라 더욱 친근하였고 할머니가 된 동창회 회원님들은 계속해서 아리랑을 불러 달라고 졸라대기도 한다. 모두 흥에 겨워 2차, 3차로 이어지는 동안 새벽 2시가 되어서야 숙소로 돌아온다. 그래도 아쉽기만 하다.

　3일차, 눈을 뜨니 8시 15분, 큰일 났다. 일정을 함께 해 주실 타마나 여고 선생님들과의 약속시간이 이미 다 되었기 때문이다. 후다닥 아침식사를 마치고 짐을 챙겨 로비로 내려가니 세 분의 선생님과 함께 교장선생님께서도 나와 계신다. 놀라움과 감동과 미안함. 이것이 강한 일본의 한 모습이구나라는 생각이 머리를 스치고 있다.

우리 일행 5명과 타마나 여고의 사카다, 마에가와, 마쯔모또, 세 분의 선생님이 승합차를 타고 거대한 활화산이 기다리는 아소로 가기 위해 쿠마모토 성으로 향한다.

쿠마모토 성은 일본에서 유명한 3대 성 가운데 하나로 가등청정에 의해 1601년부터 7년간에 걸쳐 축성되었다고 한다. 중심부에는 성주의 권력상징이며 전쟁과 정치의 거점인 천수각 2동을 비롯해 많은 건물이 세워져 있다. 쿠마모토를 대표하는 아름다운 유적지라는 생각이 든다. 아쉬움을 둔 채 수전사로 향한다. 일본에서 가장 아름다운 정원이라는 이곳에서 모형으로 만든 후지산 등 일본의 명물들을 바라보며 타마나 여고 선생님과 우정도 다진다.

오후 1시에 아소에 도착한다. 아소의 명물인 맥주를 곁들여 속 풀이 겸 점심식사를 마치고 용암이 끓어오르는 아소 화산 관람을 위하여 차는 굽이굽이 오르기 시작한다. 멀리 아소 산 정상에서는 활화산의 분화구에서 김이 무럭무럭 솟아오르고 있다.

일본에서 최초로 국립공원으로 지정된 아소산은 세계최대의 칼데라로 이루어진 화산으로 해발 1592미터이다. 300만 년전부터 계속되었던 화산활동으로 만들어진 것이며 그 중 약 10만 년전에 있었던 화산폭발이 오늘날의 지형을 만들었다고 한다. 동서 19킬로 남북 25킬로 주변둘레 128킬로의 거대한 화산 분지는 아름답고 광활하다.

정상을 향해 오르는 길목에서 반가운 사람 오츠카상(大家孝勇)을 만난다. 만나고 싶었던 분이다. 지난해 한국 방문 시, 우리 집에서

민박을 하셨다. 그와 함께 술 마시고, 대화하고, 짧은 며칠이지만 나의 승용차로 학교까지 출퇴근한 친구다. 그를 위해 작은 선물까지 준비했는데 어제 저녁 환영식장에 모습을 보이지 않아 서운했다. 그는 이곳 아소에 살고 있는 것이다. 어제 저녁 늦게 연락 받고 우리가 오는 이 시간을 기다려 한 아름 선물을 안고 기다리고 있었다. 짧은 만남이다. 아쉬움과 설렘이 뒤범벅이 된 채 정상을 향해 오른다. 정상 주변에는 풀 한 포기 자랄 수 없는 뜨거운 박토다.

정상의 분화구는 폭이 400미터에서 1,100미터에 이르고 깊이는 100미터. 호수를 가득 메운 시퍼런 물이 펄펄 끓어오르고 있다. 화산활동이 현재까지도 계속되고 있으며 1958년과 1979년 폭발 때는 많은 인명 피해를 보기도 했다 한다. 쉴 사이 없이 토해내는 하얀 분연과 언제 터질지도 모르는 폭발의 두려움과 숨 막힐 듯한 유황냄새 때문에 금방 분화구를 떠날 수밖에 없다. 그런데도 이 분화구 주변에서 10만 인구가 살고 있다 하니 또 한 번 놀랄 일이다.

아소 역에서 세 분의 타마나 여고 선생님과 이별을 한다. 그동안 정들고 신세도 많이 졌다. 벳부행 기차는 출발하고 우리들만의 여행이 시작된다. 벳부역에 도착하니 어둠 속에서 비가 내리기 시작한다. 방향을 분간할 수도 없다. 하지만 유창한 일본어 실력과 재치 있는 감각과 매너로 무장된 서정균 선생이 석송(石松)호텔로 우리를 안내한다.

4일차, 7시 30분 기상, 온천 욕. 일본의 온천은 거의 모두가 자연 그대로 꾸며져 있다. 땅속에서 온천수가 솟아오르고 그 주변을 개성 있게 장식해 놓아 목욕하기에 편리하도록 만들어 놓았다. 대중탕 주변에는 대개가 노천탕이 있고 가끔 가족단위로 목욕하는 모습도 보인다.

벳부, 일본에서도 유명한 온천 도시이자 항구도시다. 도시 전체가 곳곳에서 뿜어내는 연기로 덮여 있는 모습이 이채롭다. 시내 약 2,700곳에 흩어져 있는 온천에서 매일 솟아오르는 온천수의 양이 무려 1억 3천 리터. 이 양은 25미터 수영장 3,600개를 채우고도 남는다 한다. 도시 전체가 거대한 욕탕처럼 느껴진다.

아침식사 후 지옥순례에 나선다. 용권지옥, 피지옥, 바다지옥, 가마솥지옥, 산지옥 등. 비 내리는 거리를 그 중 대표적인 바다지옥과 산지옥을 관람한다. 지옥이라는 말은 솟아오르는 온천수의 모습이 지옥 같다고 해서 그렇게 부른다고 한다. 운젠에서 본 온천의 모습이 애기 같다면, 이곳 온천수가 거대하게 꿈틀거리고 솟아오르는 모습은 용호상박이라고나 할까. 거세고 힘이 있다. 땅 밑에서 불덩이가 이글거리고 있다는 말인데 당장 폭발이라도 할 것 같은 두려움에 총총히 빠져 나온다.

벳부에서 기차를 타고 오후 1에 다시 후쿠오카 역에 도착한다. 이번 여행의 마지막 밤을 보낼 곳이다. 일단 시내 중심부에 있는 지산호텔에 여장을 푼다.

후쿠오카는 인구 120만으로 쿠슈에서 가장 큰 도시다. 특별한 감회가 젖는 것은 윤동주 시인이 항일운동의 혐의를 받고 일경에 검거되어 복역하던 중 1945년 2월, 29세의 꽃다운 나이로 바로 이 후쿠오카 형무소에서 생을 마감했기 때문이다. 우리나라에서 배로 세 시간이면 올 수 있는 가까운 나라 일본. 그러면서도 가장 먼 나라일지도 모르는 일본. 그것은 두 나라가 안고 있는 아물지 않은 역사의 상처 때문이다. 씻을 수만 있다면, 과거의 어두운 역사는 말끔히 청산하고 새로운 동반자로, 친구로 손잡고 새 천년의 문턱을 넘어서고 싶다.

여행의 마지막 밤, 피곤함 속에서도 아쉬움은 밀려온다. 후쿠오카의, 아니 일본의 밤거리를 구경하고 싶다. 국제도시답게, 항구도시답게, 밤거리는 휘황찬란한 네온사인으로 황홀하게 빛나고 있다. 우리나라의 술집 정서로 말하자면 포장마차, 카페, 노래방, 단란주점. 모두가 유혹한다. 술꾼들의 정서는 국적을 초월해서 비슷한 것이라는 사실을 확인하며 마지막으로 라면집에서 속 풀이를 하고 숙소로 돌아온다.

5일차, 8시기상. 호텔식당에서 빵과 밥으로 아침식사를 한다. 음식이 더 좋아진 것인지, 적응이 되어서인지 아침밥을 맛있게 먹는다. 하카타항에서 10시 10분, 대한민국 부산항에 도착하는 제비호에 승선한다. 안녕, 일본.

일본이라는 나라, 얼핏 보기에는 모두가 작아 보였다. 자동차도 소형이 많고, 도로도 좁고, 사람도 작고, 정원도 아담하고, 밥그릇도 작고, 음식의 양도 적고. 하지만 모든 것이 견고하고 튼튼해 보였다. 버스를 타고 시골길을 지나갈 때 유심히 바라본 도로는 어느 한곳에도 무너지거나 보도블록의 어떤 부분도 파손된 곳을 보지 못했다. 교량을 지나갈 때도 마찬가지였다. 작은 거인 같다는 생각이 들었다.

만난 일본 사람들은 모두 친절했다. 택시기사, 식당 종업원, 관광지에서 입장권을 파는 여인들, 여관의 종업원들, 백화점 점원, 모두가 조용하고 서비스 정신으로 무장되어 있었다. 이것이 경제대국 일본의 한 모습이라는 생각이다.

미국 서부에서

　미국 서부를 다녀왔다. 대학신입생 시절 학보사에서 만난 '한솥가족'이 50대 중반이 되어 부부동반으로 여행을 떠났다. 설레고 들뜬 마음은 어린이와도 같았다. 미국은 광활한 대지와 아름다운 자연을 선물했으며 영원 속에서 자신의 존재를 뒤돌아보는 계기도 주었다. 태양이 뜨거운 7월 29일부터 8월 12일까지 13박 16일간의 짧은 여정이었지만 소중한 우정도 다지는 아름다운 시간이었다.
　그랜드캐니언, 아치스, 캐니언랜즈, 브라이스캐니언, 자이언, 세쿼이어, 킹스캐니언, 요세미티 등 여덟 곳의 국립공원과, 인디언 자치주인 모뉴먼트밸리, LA, 세도나, 라스베이거스, 샌프란시스코의 도시, 태평양을 따라 개설된 환상의 넘버원 도로를 달리는 것으로 요약할 수 있다.
　먹고 즐기는 여행보다는 거의 탐사수준에 가까운 강행군을 하였다는 말이 옳다. 하루 평균 이동거리 6백Km, 모두 6천 5백Km를 주파하는 기록을 세웠으니 말이다. 한때 포틀랜드 주립대 교환교수로 근무했던 김정대 형이 기획을 하면서 모든 일정을 스스로 짜고

시행하는 창의적인 여행이었기에 가능했다.

　서부의 관문인 LA의 첫인상은 차분하면서도 일사불란했다. 어디론가 열심히 걸어가는 사람, 운동복 차림으로 조깅하는 사람, 애완견과 함께 산책하는 사람, 다양한 모습의 그들은 평화롭고 여유가 있어 보였다. 시내는 깨끗하고 숲속에 자리한 주택들이 인상적 이었다. 미국영화 산업의 대명사인 할리우드 거리는 영화와 관련된 산업이 번창 중이었고 스타들의 손발도장이 새겨져 있는 광장에는 관광객으로 북적이며 자신만의 추억을 새기고 있었다. 저녁에는 시내야경을 조망할 수 있다는 그리피스공원의 천문대에 올랐는데 미국에서 두 번째 도시라는 명성에 걸맞게 거대하고 화려했다. 동서남북 온 시야에 보이는 것은 끝도 없는 불빛뿐이다. 미국은 참으로 거대한 나라라는 실감이 났다.

　'캘리포니아 주립대학'(UCLA)의 캠퍼스는 시원하고 넓은 대지의 초원위에 자리잡았다. 오래된 유럽식 건물, 자유로운 젊음, 팽팽한 긴장감이 감도는 도서관 풍경은 엄숙하고 학구적으로 보였다. 저 젊은 지성들에 의해 인류의 미래가 결정될 것이라는 생각을 하면서 발자국 소리를 죽여야만 했다. 돌아갈 수만 있다면 나도 이런 여유로운 공간에서 대학생활을 해보고 싶다는 가당찮은 환상에 사로잡히기도 하면서.

　LA를 떠나 그랜드캐니언 가는 길은 '모하비사막'을 달려야만 했다. 서부의 사막은 죽음과 절망의 땅이 아니었다. 폐허의 공간도 아니다. 사막은 스스로 부서지는 척박한 자리가 아니라 희망이며 자유의 땅이었다. 사막은 새롭고 영원한 세계로 진입하기 위한 과정이었으며 인류의 미래를 위한 강력한 약속의 터전이었다. 나는 사막을 지나며 황량감과 고독보다는 한없는 자유를 만끽하는 역설을 감지할 수가 있었다.

그 명성 높은 '그랜드캐니언'은 4억 년이 넘는 세월 동안 콜로라도 강의 급류가 만들어낸 깊은 협곡이다. 신이 창조한 가장 눈부시고 아름다운 풍경이라고도 한다. 절벽의 암석에는 지구의 역사를 생생하게 읽을 수 있는 흔적도 있다. 해발 고도 2,133m에, 폭29Km, 길이가 4백여 Km에 이르는 끝없는 골짜기를 위에서 내려다 볼 수가 있다. 미국국립공원 중에서도 관광객이 제일 많다는 곳. 20억 년의 세월을 견뎌온 대 협곡 앞에 인간의 존재를 생각한다는 사실이 너무나 허무하고 쓸쓸한 현장. 1540년 스페인 탐사대가 첫 발견을 할 당시 이곳에는 아파치인디언의 선조인 아니시지족이 거주하고 있었으며 야생동물을 사냥하며 살아왔다고 한다. 그래서인지 계곡 어디에선가 인디언의 목소리가 들리는 듯했고 서부의 사나이들이 말을 타고 계곡을 넘나드는 영상이 영화처럼 펼쳐졌다. 가장 전망이 좋다는 '야바파이 포인트'에서 낙조를 보는 행운을 얻는다. 해의 움직임과 협곡바위의 각도에 따라 변하는 색채의 장엄미에 넋을 잃을 정도다.

황량함의 극치를 보여주는 '캐니언랜즈 국립공원'은 콜로라도 강과 그린 강이 합류하는 지점에 있다. 수십 억년의 세월 속에 흐르는 물과 바람에 의한 침식 작용이 만들어낸 깊고 넓은 협곡이 사람을 완전히 질리게 만든다. 붉은 사암이 깎여서 형성된 아치, 첨탑 등의 기암이 영원세계의 모습을 연상케 해준다. 그랜드캐니언보다 더 넓은 면적을 차지하면서도 찾는 사람은 많지 않으니 더욱 적막하고 황량감에 젖어들 수밖에 없다.

이곳에서 영원을 만나고 인간이 얼마나 미미한 존재인가를 발견한다. 시간과 공간의 허무감을 웅변해 준다. 영원 속에 인간의 육체는 먼지에도 미치지 못하는 존재이지만 영혼은 그 영원성을 생각할 수 있는 힘을 가진다. 바로 절대자의 현존이며 신의 존재를 인정하지 않을 수 없는 현장이 된다. 그 황량한 광야에서 펼쳐지는 도시, 현란한 불빛, 도로, 나무, 숲, 운동장, 구름, 군중, 그러한 상상은 영원과 허무의 모습이요 수십 억년 뒤에 있을 또 다른 미래의 모습일 것이다. 그 속에 인간사도 그렇게 묻혀갈 것이다. 데드호스 포인트, 메사아치, 그린리버 오버룩, 업히벌 돔 등을 둘러보는 사이 모든 육체적 기능은 마비될 수밖에 없었다.

'세도나'는 산도 붉고, 바위도 붉고, 주변 모두가 붉은 색에 에워싸여 있는 독특한 도시다. 남서부 사막지대인 애리조나주의 중심에 위치해 온화한 기후와 푸른 하늘, 사방을 에워싼 기묘한 바위들, 그림처럼 펼쳐지는 풍광, 황홀한 낙조 등 모든 것이 마음을 사로잡았다. 신은 그랜드캐니언을 만들었지만 세도나에 살고 있다라는 말이 있을 정도로 아름다운 여행지로 각광받는다. 세계에서 가장 기가 세다는 볼텍스도 있다. 자연풍광만을 자랑하는 여느 관광지와는 달리 그 붉은 바위로 장식된 신비로운 힘이 사람을 매료시킨다.

세계적으로 퍼져있는 21개의 볼텍스 가운데 4개가 세도나에 있어 특별한 기운을 느낄 수 있다는데 이는 다시 전기와 자기볼텍스로 나뉜다. 전자는 인체의 자연 치유력을 증대시키며 진취적인 삶을 살 수 있도록 도와주는 에너지로 벨록과 에어포트메사가 이에 속한다. 자기볼텍스는 전생기억이나 과거에 얽힌 문제를 푸는데 도움을 주며 영적 체험이 필요한 사람에게 인기가 높으며 대성당바위와 보인턴 캐니언이 대표적 장소로 알려져 있다.

아예 1박2일을 세도나에 투자하며 볼텍스의 상징인 벨록 즉, 종바위를 끝까지 올라가서 직접 기체험을 해본다. 그 맑고 화사한 날 붉은 바위와 아름다운 자연의 숲속에 묻힌 한적한 시내를 바라보며 심호흡을 해보는 일은 의미 있는 체험일 것이다. 찾기가 매우 까다로운 대성당바위도 둘러보았는데 마치 고대 성당의 모습과 꼭 같았다. 원형건물이며 정면의 십자가며 십자가 사이로 새겨진 둥근 성체의 모습이 실제와 흡사해 마치 하느님의 현신을 보는 것만 같았다.

애리조나와 유타주의 경계에 위치한 '모뉴먼트 벨리'(Monument valley)는 나바호 인디언들의 성지다. 국립공원도 주립공원도 아닌 곳. 무수히 많은 CF와 영화의 배경으로도 우리에게 익숙한 곳이다. 서부영화의 거장 '존 포드' 감독의 「역마차」에서 「백 투더 퓨쳐」까지 서부개척시대의 고적한 풍경을 연출한다. 모뉴멘트벨리는 수많은 나바호 젊은이들의 희생과 슬픈 비극을 간직하고 있다. 미국이 이 지역을 차지하기 위해서는 오래전부터 터를 잡고 살아온 나바호 인디언들과 한판 전쟁을 치러야 했다. 20년의 세월이 흐른 후, 인디언 자치권이 인정되면서 싸움은 일단락되었지만 무려 7천여 명의 나바호 젊은이들의 숭고한 희생이 있었다. 그 비극적 희생을 대변이라도 하듯 온통 붉은빛 사암으로 비장미마저 느끼게 한다.

1868년, 나바호 대표와 미국정부간에 협정을 체결할 당시, 미 정부는 나바호에게 세 가지의 선택권을 주었다. 동부의 기름진 땅, 나바호 포로가 있던 뉴 멕시코주 Summer근처의 땅, 이곳 메마른 사막의 땅 중 하나를 가져가라는 것이다. 인디언들이 선택한 땅은 조상대대로 살아온 불모의 땅, 자신들의 숭고한 성지, 바로 이곳 모뉴멘트벨리였다. 그들이 백인들에게 맞서 싸우며 그토록 지키고자 했던 자존심을 생각하며 고독한 여행자는 거대한 붉은 돌기둥에 휘몰아치는 바람결에 가쁜 숨을 몰아쉰다. 자신들의 숭고한 성지를 지키려다 바람처럼 스러져간 아메리칸 인디언들 영혼소리를 듣는 듯하다. 그들의 혼은 아직도 이 주변을 맴돌며 거대한 힘의 유령 미국을 향하여 울부짖는 것만 같았다.

10일째 되는 날 '자이언캐니언'에 들렀을 때다. 엄숙해 보이는 풍광과 바위들 앞에서 문득 이런 생각이 스치는 것이 아닌가. '미국서부의 자연은 장엄하고 웅대하다. 하지만 완성된 자연이 아니라 진행되는 자연이다. 아직도 강은 땅을 긁어내고, 땅 깊숙한 곳에서는 용암이 들끓고 있으며 바위와 사막은 끝없이 움직이고 강물은 투박하다. 자라는 식물도 단순하다. 그에 비해 한국의 자연은 작지만 단단하고 완성된 자연이다. 계곡은 수려하고 물은 투명하며 깨끗하다. 온갖 기화요초와 동식물이 자란다.'고.

시에라네바다 산맥에 위치한 '세콰이어'에는 세계에서 가장 큰 나무가 살고 있었는데 '제너럴셔먼 트리'다. 수령 2천7백여 년에 높이 82.4미터, 밑동치 지름이 11.06미터에 이를 만큼 어마어마했다. '요세미티'는 빙하의 침식이 만들어낸 자연의 절경을 선사했다. 대장바위 쯤으로 번역되는 '엘캐피탄'이 단연 압권이었다. 일천미터높이의 거대한 바위가 수직으로 솟았으니 어찌 눈길을 끌지 않겠는가. 지상 최대의 단일 화강암이란다. 미국에서 가장 높다는 739미터의 '요세미티 폭포' 또한 장관이었다.

'금문교'는 샌프란시스코와 마린카운터를 연결하는데 캘리포니아의 상징이다. 거센 조류와 강한 바람, 잦은 안개와 복잡한 지형, 예측 불가능한 악조건들로 건설이 불가하다는 평가에도 불세출의 건축가

'조셉 스트라우스'에 의해 설치된 명물이다. 시속 백마일의 바람을 견디고, 교량의 중간 부위가 27.7피트까지 흔들릴 수 있으며 2,825미터 길이에 높이는 수면에서 227미터 떨어져 어떤 배든지 통과할 수 있는 현수교. 1933년 착공되어 4년 만에 완공과 더불어 이내 그 독특한 색깔과 스타일로 미국토목학회 불가사의로 불릴 만큼 경이의 표상이다. 샌프란시스코의 멋진 스카이라인, 떠다니는 보트들, 광대한 태평양이 어우러진 장엄한 경치는 '샌프란시스코'가 왜 세계에서도 아름다운 도시로 손꼽히는지를 설명해 주었다.

마지막 일정은 샌프란시스코에서 LA까지 해변을 따라 내려오며 '넘버원 도로'를 달리는 것이었다. 6백 50Km에 이르는 이 길은 이른 아침에 출발해 밤늦게 도착할 만큼 장대했다. 광활한 초원과 해국이 피어있는 태평양을 종일토록 바라보며 달리는 것도 감동이지만, 길가에 있는 몬트레이 반도, 미국속의 덴마크 솔뱅, 샌타바버라 항구 등의 명소도 볼거리였다. 특히 '존스타인벡'의 고향을 지나올 수 있음은 행운이었다. 그의 작품 『분노의 포도』는 대공항 이후 미국의 참혹한 농촌현실을 그린 사회주의 리얼리즘 소설의 명작으로 이곳을 무대로 쓰이지 않았던가. 차창 밖으로는 포도밭들이 끝도 없이 펼쳐지고 있었다. 포도는 분명 미국 농촌의 상징이었다.

미국인의 개척정신을 생각해 본다. 쉬지 않고 흐르는 콜로라도 강이 단단한 바위를 깎아 수많은 협곡을 만들었듯이 거대한 빙하가 화강암을 잘라 내었듯이 급류와 강풍을 극복하고 아름다운 금문교를 세운 것은 바로 미국인들의 그 '프린티어 정신'이 아니겠는가. 그것이 또한 세계에서 가장 강한 미국을 만드는 힘이었을 것이다.

천년의 도시, 동유럽

겨울 방학, 직장동료들과 동유럽을 다녀왔다. 독일, 오스트리아, 헝가리, 슬로바키아, 폴란드, 체코 등 여섯 나라를 주마간산격으로 둘러보았다. 거대한 설원의 평원위에 세워진 천년의 도시들은 인간이 얼마나 위대한 존재인가를, 또한 얼마나 나약할 수 있는가를 보여주었다. 고대와 중세는 신이 인간을 지배한 역사라고 굳게 믿어왔는데, 어쩌면 인간이 신을 이용하여 가열찬 욕망을 채운 것이 인류의 역사라는 생각도 들었다.

떠나는 설렘

1월 19일 12시50분, '인천국제공항'에서 출발한 아시아나 항공기는 지구의 저편 독일을 향하여 날아간다. 지금 동유럽에는 이상한파로 수십 명의 동사자가 발생하고 있다는 보도도 있고, 세계 주요 나라의 경제지표도 좋지 않은 시기여서인지 기내는 아주 차분한 분위기다. 그래도 오랜만의 국제여행이라 설레는 마음을 억누를 수는 없다.

비행기 안의 단상 하나. 지상 일만 킬로의 상공에서 시속 9백 킬로를 날며 히말라야 산맥을 지날 때의 외부온도는 영하 70도를 표시해 준다. 저 온도에서 버티고 있을 생물들의 상태는 어떠할까를 생각해보니 온몸이 꼼짝도 없이 사라지는 것만 같다.

11시간의 비행 후인 16시 35분, '프랑크푸르트' 공항에 내린다. 까다로운 몇 겹의 입국절차를 거친 후 밖으로 나오니 50인승 대형버스가 기다리고 있다. 일주일간 6개국을 여행할 차라고 한다. 피터라는 이름의 슬로바키아인 운전기사는 27세 총각이고 조금은 무뚝뚝해 보이지만 속이 깊어 함께 한 시간들이 정으로 채워지게 된다.

2시간을 더 달려 휴게소에 들렀는데 한국의 시골 간이역을 연상케 한다. 화장실 이용부터 공짜는 없다. 5십 센트, 우리 돈 8백 원이다. 초콜릿과 생수 등을 사보니 물가는 우리나라의 두 배 이상으로 감지된다.

한국과는 8시간의 시차가 있는 현지 시간으로 10시쯤, '노들링겐'에 있는 아트호텔에서 짐을 푼다. 객실은 깨끗하고 정감어린 분위기다. 작은 샤워 실에는 물비누 외는, 치약도, 칫솔도, 면도기도 없다. 동유럽 전역이 모두 그랬다. 유럽에서의 첫날밤, 긴 하루 일정임에도 좀처럼 잠들지 못한다.

오스트리아

맥주의 도시 '뮌헨'으로 이동하여 유서 깊은 교황 베네딕토 3세가 주교로 계셨고 15세기에 벽돌로 지어진 고딕양식인 성모성당과 마리엔 광장을 관람한 후 오스트리아로 들어간다.

도시를 빠져나와 시골길을 달리는 도로변의 정경은 아름답고 풍요롭다. 영어교과서에서만 보아오던 유럽의 전경이 그대로 펼쳐짐에 마음 부풀지 않을 수 없다. 넓은 초원, 초원사이로 펼쳐진 황홀한 설경, 부드러운 언덕의 능선, 그 사이사이로 지어진 집들, 집들은 지붕이 넓고, 붉은 색이 많고, 굴뚝에서는 평화롭게 연기가 피어오르고. 살고 싶은 마음이 든다는 것이다.

'잘츠부르크'를 가장 먼저 찾는다. 이 도시는 모차르트의 고향이면서 영화 「사운드 오브 뮤직」의 배경이 되는 곳이다. 이웃에 있는 '짤츠캄머굿' 역시 한적하고 아름다운 마을이다. 알프스의 빙하가 녹아 형성된 76개의 호수와 눈 쌓인 산봉우리들이 옹기종기 어울려 있는 모습은 그림보다도 더 멋진 풍광이다. 이 마을은 모차르트의 천재적인 음악성을 배태시킨 외가이기도 하다.

음악의 원리를 생각해 본다. 아름다운 자연을, 이 풍광을, 그것을 통해 연상되는 그리움들을 간직하고 싶을 것이다. 영원히 기억 속에 저장해, 두고두고 보고 싶을 것이다. 그것을 소리로, 음률로, 선율로 표현한 것이 음악이 아닐까 싶다. 그 아름다움을 언어로 표현하면 문학이 될 것이고 춤으로 표현하면 무용이 될 것이고 그림으로 그려내면 회화가 될 것이다. 그것이 예술의 원리가 아니겠는가. 모차르트도 결국 이러한 아름다운 환경과 그의 음악적 천재성이 결합되어 세계적인 음악을 남긴 위대한 음악인이 되었을 것이다.

아침에 일어나니 눈이 펑펑 내린다. 이미 쌓인 눈 위에 펑펑 내리고 또 내린다. 세계적인 음악의 도시이자 오스트리아의 수도인 '비엔나'로 떠난다. 눈이 이렇게 내리는데도 도로는 아무런 문제가 없다. 우리들의 관광에 크게 방해가 되지 않는다는 것이다. 그만큼 철저한 대비를 하기 때문일 것이다.

　비엔나는 하이든, 모차르트, 베토벤, 슈베르트, 요하네스 브람스, 안톤 브루크너, 요한스트라우스 1세와 2세, 아놀드 쉰베르크 등 세계적인 음악가가 태어나 성장하거나 공부한 음악의 도시다. 그 명성에 걸맞게 도시의 분위기 또한 완전히 천년 전 중세를 연상케 해준다. 19세기 말 완성된 네오고딕 양식의 빈 시청사, 모차르트의 화려한 결혼식과 초라한 장례식이 거행된 고딕사원인 슈테판 성당, 유럽 3대극장중의 하나인 오페라하우스, 쉘브룬 궁전, 요한스트라우스의 동상이 있는 공원 등을 눈 속에서 둘러본다. 악성들의 체취와 숨결이 전해지는 듯하다.

　합스부르크왕가의 여름궁전으로 사용되었고 마리아 테레지아의 체취와 나폴레옹의 기상이 남아있는 쉘브룬 궁전은 동양의 자기와 칠기, 페르시아의 섬세한 그림 등으로 장식되어 있다. 화려한 외관과 로코코 식으로 우아하고 호화롭게 꾸며진 내부의 모습이 잠시 스쳐지나가는 나그네를 완전히 압도하고 만다. 인류의 문명은 바로 이 유럽에서 시작되고 있음을 확인하는 순간이기도 하다. 세계의 모든 현대 과학문명도 결국은 이러한 과거의 위대한 정신적인 문화유산이 그 바탕이 아니겠는가.

　헝가리

　유럽의 현지 빵과 햄, 야쿠르트, 과일 등으로 아침 식사를 하고 비엔나에서 헝가리로 출발한다. 약 4시간을 달려 동유럽의 파리로 통하는 '부다페스트'에 도착하여 비빔밥으로 점심식사를 한다. 우리가 매일 먹는 한식이 얼마나 좋은 음식인가를 생각하는 시간도 된다.

아름다운 '다뉴브강'이 흐르는 헝가리. 개혁의 물결이 요동치는 헝가리는 공산이데올로기가 무너진 동구권 국가 중에서도 가장 빠르게 변화하고 있다. 그 현장을 수도인 부다페스트에 들어서는 순간 감지할 수가 있다. 한국과는 이미 백여 년 전에 공식관계를 시작하였으나, 제국주의, 동서냉전 등 세계사의 흐름 위에서 그 관계가 단절되었고, 1989년 동구권 국가 중 가장 먼저 외교관계를 수립함으로써 오늘에 이른다.

부다페스트는 광활하고 인상적인 도시다. 이번 여행 중 가장 아름다운 도시로 기억될 것이다. 시내의 전경이 한눈에 잡히는 '어부의 요새', 역대 헝가리 국왕의 위관식이 거행되는 마챠시 교회, 부다 지구 남쪽에 위치한 화려한 왕궁의 전경, 그 왕궁과 어우러진 장엄한 도시의 모습, 헝가리 건국 천년을 기념하는 영웅광장, 그 고풍스러운 도시의 모습은 장관이고 웅장한 중세적인 아름다움을 보여준다.

특별히 '부다'와 '페스트' 두 지역을 가르며 그 중심에서 유유히 흐르는 '다뉴브강'은 정말 가슴이 저리도록 아름답다. 강과 도시의 어울림은 꿈꾸던 이상적인 풍광을 그대로 보여주는 것만 같다. 저녁 무렵에, 그 강의 유람선을 타고 바라보는 도시의 야경은 더더욱 낭만적이고 감미롭다. 몇 번이고 다시보고 싶은 모습이다. 선상에서 마시는 한잔의 생맥주 또한 멋진 여행의 운치를 더해준다. 그럼에도 헝가리를 떠나면서 느끼는 감회는, 역사는 늘 약자에게만 유독 잔인하다는 생각을 지울 수가 없다.

폴란드

풍성한 호텔 조식 후 8시에 헝가리를 떠난다. 오늘은 7시간 이상을 버스로 달려, 또 새로운 나라 폴란드로 가는 강행군을 해야 한다. 일단 동유럽의 알프스로 불리는 '타트라산맥'을 넘어 슬로바키아로 향한다. 가는 길목에는 온통 설경만 펼쳐진다. 눈 속에 소복소복 잠긴 시골집들이 정겹다. 계곡 언저리에 형성된 마을을 보며, 우리의 상식으로는 이해할 수 없는 부분도 있다.

수많은 사람들로 붐비는 스키장도 지나간다. 어느 특정한 장소가 아니라, 거대한 산전체가 스키장인 것이 아주 부럽다. 11시 조금 지나 '타트라'에 도착한다. 점심만 먹고 지나갈 슬로바키아 땅이다.

소련제 탱크가 전시된 전쟁기념관을 관람한 후 비교적 깨끗한 식당에서 식사를 한다. 닭고기와 쌀밥으로 나온 메뉴가 그런대로 먹을 만하다. 식사 후 4시간을 더 달려 저녁 무렵이 되어서야 폴란드 땅 '크라카우'에 있는 소금광산에 도착하여 현지가이드를 만난다.

소금광산은 13세기부터 약 7백년간, 먼 옛날 바다였던 시절, 형성된 소금을 채굴한 현장이다. 유네스코에 의해 세계문화유산으로 지정되었으며, 코페르니쿠스나 괴테가 다녀갔을 만큼 유명한 곳이다. 갱은 9층으로 나누어져 여러 갈래로 갈라져 있고, 갱도 깊이는 3천 미터나 되며, 총길이는 3백 킬로에 이른다고 한다. 안에는 당시 광산 노동자들이 소금으로 만든 조각품들이 남아 있어 탄성을 지르게 한다. 너무나 사실적인 성당을 조각하였을 뿐만 아니라, 독서 장면, 성가족의 모습, 제단, 십자가상 등이 구체적으로 남아있다. 조각가의 조각품보다 더 예술적인 작품을 보며 만감에 젖는다.

당시 광부들은 깊은 갱도 안에서 기약 없는 세월을 보내며 얼마나 불안한 시간을 보냈을 것인가. 그 모든 것을 하느님께 의지하며 신앙으로 극복한 결과물이라 생각하니 울컥 눈물이 솟는다. 사람이 얼마나 위대한 존재인가를 보여주는 현장이라는 생각도 하게 된다.

광산을 나오니 기온이 급강하한다. 영하 20도를 오르내리는 추위다. 그곳의 대 광장에 있는 대성당에 들렀을 때는 천지가 꽁꽁 얼어붙는 기분이다. 주변의 상가와 기념품가게도 모두 문을 닫아버렸다.

이튿날, 5백 년 동안 폴란드의 왕이 거처했다는 고풍스러운 바벨성의 전경을 바라보고, 유럽의 광장 가운데서도 가장 크다는 중앙광장을 둘러본 후 아우슈비츠로 간다.

'아우슈비츠'는 제2차세계대전중 독일 군 최대의 강제수용소이자 집단학살의 비극이 고스란히 남아있는 세계사의 현장이다. 현재는 박물관으로 개조해 보존되고 있는데, 이곳에서 히틀러는 1945년 1월까지 무려 4백만 명의 유대인을 처참하게 학살한 것으로 알려져 있다. 그 당시의 참상을 알려주는 사진, 가스 주입실, 화장실, 수용소 막사, 다양한 자료 등이 그대로 간직되어 있어 비감을 더해준다. 장애인들이 사용한 의족 등, 장애보조기구와 가스실의 고통으로 하얗게 탈색된 머리털이 산더미처럼 쌓여있는 막사에서는 숨이 멎을 것만 같다. 그들의 통곡소리가 가슴을 치는 것 같기도 하고, 지금까지도 아비규환 속에서 울부짖으며 살려달라고 몸부림치는 듯도 하다.

아, 인간이여, 사람이여. 도대체 인간이란 무엇이며, 얼마나 더 잔인할 수 있단 말인가. 인간이 저지를 수 있는 잔악함의 극치가 어디까지 더 갈 수 있는지 묻고 싶다. 인간이 이렇게도 무서운 존재인가를 짚어보지 않을 수가 없다. 수용소 견학을 마치는 대로

체코로 향한다.

체코

크라카우에서 약 6시간을 달려, 체코의 수도이며 백탑의 도시 '프라하'에 안착한다. 백탑이란 탑이 백 개란 의미란다. 체코는 카프카와 쿤데라, 드보르자크와 스메타나 같은 작곡가, 예술가, 신학자, 아인슈타인, 모차르트 등 유명인물의 출생지이거나 거주지이기도 하며, 세계 문명의 중심유적지이기도 하다. 프라하는 보헤미아 지방을 둘러싸고 있는 평온한 언덕을 무대로 하고 있으며, '블타바 강'을 중심으로 양 옆을 따라 펼쳐지는 아름다운 고도다.

이미 야경이 시작되고 있는 시간이다. 동유럽은 오후 네 시쯤 이면 넓은 평원 뒤로 해가 넘어가고, 다섯 시가 되면 어두워진다. 공상영화 속에서만 보던 현란하고 찬란한 야경이 펼쳐진다. 신비한 탑에서 쏟아져 나오는 은은 자적한 불빛이 너무나 이국적이고 고혹적이다. 추운 날씨도 아득히 잊어버린 채 모두들 셔터 누르기에 바쁘다.

다음날, 본격적인 프라하 관광에 나선다. 추위는 절정에 이른다. 완벽한 겨울복장을 했는데도 몸은 움츠러들고 냉기가 뼛속까지 파고든다.

시내 곳곳에는 로마네스크양식, 고딕양식, 르네상스양식, 바로크양식의 건축물이 즐비해서 중세의 향기가 그대로 배어난다. 시대를 망라한 수많은 건축물들이 입을 다물지 못하게 한다. 프라하역시 유네스코가 지정한 세계문화유산으로 역사의 중심지이다. 틴 교회와 건국자의 이름을 딴 바츨라프 광장도 둘러본다.

프라하 아름다움의 핵심은 '블타바 강'과 '까를교'일 것이다. 시내의 중심에 있는 까를교는 보행자 전용이기 때문에 언제나 노점상, 거리의 예술가, 관광객으로 북적이는 국제적인 명소다. 12세기에 목재교가 이미 같은 위치에 있었으나, 강의 범람으로 붕괴되어 12세기 중엽에 석재교로 대체되었다. 이 다리 또한 홍수로 유실되자, 까를 4세가 1357년에 당시의 토목기술을 이용하여 재건축, 1402년에 완공하여 오늘에 이른 것이라 한다. 516미터 길이에 폭 10미터, 16개의 기둥으로 지탱된다. 교량 위에는 30점의 동상 및 조각물들이 아픈 사연과 함께 장식되어 그 운치를 더해준다.

다리의 중간쯤에 조각되어 있는 브로코프 신부님 상을 만지면서 한 가지 소원을 빌면 반드시 이루어지며, 그 다음에 있는 개를 만지면 다시 프라하로 올 수 있다고 한다. 신부님은 1683년 고백성사의 비밀을 지키기 위해 바츨라프 왕에 의해 처형되어 블타바 강에 수장되었으며 보헤미아에서 가장 사랑받는 성인이라고 한다.

한식당에서 김치찌개와 소주로 여유 있는 점심식사를 하고 소위 '프라하의 봄' 현장인 광장을 둘러본다. 1968년 지도자 두브체크를 중심에 두고 분출되는 개혁과 자유를 향한 시민들의 함성은 무자비한 소련의 탱크가 프라하에 진입함으로써 꿈은 참혹하게 짓밟히고 만다. 다시 20년 후에 시민들은 자유와 권리를 요구하며 소련점령에 대항하는 시위를 벌였고 결국 공산정권은 무너지게 된다. 아, 용감한 프라하의 시민들이여. 자유를 향한 그들의 용기에 지나가는 이방인 큰 박수를 보낸다.

여행을 마치며

여행을 마무리하며 함께한 일행 37명을 처음부터 끝까지 이끌어준 오준용 가이드를 생각한다. 그의 명함에는 여행사 전문 인솔자로 되어 있지만 그는 그 이상이다. 대학에서 전자공학을 전공하고 아직 미혼인 3십대 중반의 그의 안목은 넓고도 깊었다. 세계사를 전공한 학자 이상으로 유럽사와 현안에 해박했으며, 그 지식을 전달하는 솜씨 역시 능숙했다. 친절하고 다정다감해서 여행 내내 우리를 편안하게 해 주었다. 이런 인재들에 의해 우리나라는 희망찬 미래가 있다고 본다. 이 같은 젊은이들이 모든 영역에서 각자의 역할을 훌륭하게 수행하고 있다고 생각하니 마음 든든하다. 그와 함께 했기에 이번 여행은 더욱 즐거웠다.

하늘로 가는 길

여기는 중국 간쑤성의 작은 도시 '랑무쓰'다. 랑무쓰는 동방의 스위스라고 불릴 만큼 아름다운 곳이다. 지금 나는 오지여행팀의 일원이 되어 '동티베트'의 광활한 초원 위에 서 있다.

7월 9일 화요일. 아침부터 억수같은 비가 내린다. 오전 내내 하염없이 빗줄기만 바라본다. 점심식사 후에도 그칠 줄을 모른다. 빗속으로 랑무쓰 '천장터'를 찾아간다. 천장(天葬)은 고대로부터 내려온 티베트 불교의 장례풍습으로 독수리에게 육신을 보시하는 일이다. 지수화풍(地水火風)으로 생겨난 육신은 영혼이 떠나면 다시 자연으로 되돌려주어야 한다는 것이다. 석가께서도 전생에 사신공덕을 행하서 굶주린 호랑이에게 몸을 내주는 수행을 했다고 전해진다.

삶이 무엇이고 죽음 또한 무엇인가. 천장터 가는 길은 노랑색, 하얀색, 빨간색 야생화가 무리지어 반긴다. 한 생애를 다하고 마지막 길을 가는 티베트인들을 위로하듯 꽃들은 활짝 피어서 웃고 있다. 굽이굽이 돌아가는 길목은 건너편의 까만 야크 떼와 하얀 양들의 무리로 아름답기 그지없다. 그 사이로 띄엄띄엄 들어선 초원 속의 집들이 그림처럼 선명하고 평화로워 보인다.

잘 포장된 길을 따라 30여 분쯤 돌아 오르자 우측으로 커다란 산등성이 밑으로 울긋불긋 티베트 불경이 새겨진 '룽다와 타르초'의 모습이 아련히 조망된다. 직감적으로 천장터란 생각이 든다. 이제 비포장 산길을 따라 올라야 한다. 그 현장을 직접 보고 싶다. 비는 그칠 줄을 모른다. 한 줄기 구름이 천장터 위로 무심히 휘돌아 지나간다. 해발 3천3백의 고도이기도 하지만 왠지 발걸음이 무겁다.

도로에서 십 여분 걸어 천장터로 들어선다. 빨강 노랑 파랑의 만국기 같은 깃발이 어지럽게 펄럭인다. 어린 시절 마을 뒤편의 꽃상여 집에 들어온 느낌이다. 특별한 건물이 있는 것도 아니고 그냥 산중턱의 허허벌판이다. 야릇한 향기가 확, 코끝을 스친다. 지천으로 핀 야생화 향인가 싶어 더 섬세하게 후각에 신경을 모아 보지만 꽃냄새는 아니다. 주검의 냄새임이 분명하다. 현장에는 동그란 돌 도마를 중심으로 몇 개의 두개골이 나뒹굴고 수많은 뼈 조각들이 어지럽게 흩어져 있다. 핏자국이 선명한 도끼, 칼, 망치, 쇠스랑 등도 보인다. 저 도구를 사용하여 시신을 다스렸다는 것이 아닌가. 비를 맞은 몸이 현기증으로 오싹하고 섬뜩하다.

티베트에서는 사람이 죽으면 옷을 벗기고 흰 천으로 전신을 감아 마대로 포장을 한다. 시신은 3일 동안 집안에 안장해 두었다가 천장을 치른다. 4일째 되는 날 예약을 해둔 천장사가 와서 차에 싣거나 들것으로 이동을 하는데, 천장터까지 가는 동안 멈추어서는 안된다고 한다.

천장은 새벽 동트기 시작할 무렵 시작된다. 천장사는 일차적으로 시신을 고정시키고 칼집을 내어서 독수리들이 편하게 먹을 수 있도록 해준다. 작업을 끝낸 천장사가 한 발짝 물러서면서 신호를 보내면

참을성 있게 기다린 수십 마리의 독수리들은 시체를 에워싸고 예리한 부리로 인육을 찍어 삼킨다.

한바탕 쪼아 먹고 난 다음에 남은 뼈와 해골은 잘게 부수어 볶은 밀보리가루에 섞어서 준다. 물러나 있던 독수리들이 다시 달려들어 먹어 치운다. 그리고도 남은 유품들은 태워서 망자의 곁으로 날려 보내는 것이다. 그렇게 한 생을 마치고 독수리의 몸을 타고 하늘로 올라가는 것이다. 하늘에 오른 영혼은 이승에서 소망하던 수많은 신들과 세계를 만나며 훨훨 자유롭게 비상할 것이리라.

이 현장을 보려고 어젯밤 그렇게 잠 못 들어 했던가. 해발 3천대의 고산지대. 말로만 듣던 고산병을 혹독하게 몸소 겪어야만 했다. 죽을 것 같은 압박감에 잠을 깨어보니 12시 30분, 화장실을 몇 번이나 들락거리다 하얗게 아침을 맞이하고 말았으니 말이다.

7월 6일, 11박 12일의 일정으로 '인천공항'을 출발한 우리들은 '서안'에 내려서는 다시 국내선 비행기로 갈아타고 3시간을 날아 '란저우'에 도착하고 '린샤'로 이동하여 '라브랑스 대사원'을 순례한 후 여기까지 오지 않았던가. 사실 이번 여행은 일반인들이 가지 않는 지역이기에 경비도 더 들이고, 시간도 많이 투자하고 불편도 감수하면서 선택한 것이다.

다음날, 들어온 길을 되돌아 다시 '허쥐'로 향한다. 그곳의 천장터를 보기 위해서다. 비가 그친 초원의 중심을 시원하게 달린다. 티베트의 여름은 푸르고 싱그럽다. 몇 시간을 달려도 끝이 보이지 않을 만큼 거대하다. 아득한 초원에 형형색색의 야생화, 까만 야크와 양떼들, 유목민의 이동가옥인 하얀 유르트가 어우러진 모습은 몇 번이고 탄성을 지르게 한다.

허쮜의 천장터는 랑무쓰와는 달리 시내 뒷동산에 있다. 인가와 너무 가까워 놀라지 않을 수가 없다. 그것은 죽음이 삶의 일부라는 의식 때문일 것이다. 그 아담한 동산에는 유달리도 노란 꽃무리들이 수를 놓은 것처럼 흐드러지게 피어있다. 티베트의 천장터는 이렇게 풍광이 좋은 곳만 택하여 들어서 있다. 이승을 떠나는 영혼을 위한 산자들의 마지막 배려라 생각된다. 송이송이 꽃들의 도열은 자연의 위무이리라.

　활짝 핀 꽃 속에 있는 천장터는 매캐한 연기로 자욱하다. 방금 천장을 치르고 뒷수습을 하는 중이라고 한다. 산등성이 위에는 커다란 독수리 몇 마리가 앉아서 내려다보고 있다. 오늘 장례를 치른 주인공의 인육을 먹고도 부족함이 있는가 보다. 독수리가 있는 곳을 향하여 성큼성큼 다가가니 푸른 하늘을 유유히 날아오른다. 티베트에서 독수리는 신의 현현이라 믿어 신성시된다. 천국의 사자인 동시에 불보살과 같은 존재로 여긴다.

　천장터를 한 바퀴 돌아 내려오는 길에 야크 떼 한 무리 한가로이 풀을 뜯고 있다. 문득, 이런 글귀 하나 스친다. 야크는 풀을 먹고, 사람은 야크를 먹고, 독수리는 사람을 먹고, 독수리는 죽어 풀이 되고… 모든 만물은 그렇게 더불어 공존하며 끝없는 생사윤회로 서로의 옷만 바꾸어 입는 것인가. 그리하여 다음 생에는 좀 더 좋은 곳에 태어나기 위하여 현실에서의 외롭고 척박한 삶을 기꺼이 받아들이며 종교적 생활로 일관하는 것인가. 티베트인들에게는 죽음도 희망이며 기도는 일상이 되는 것인가.

　그들의 믿음이 진실이라면 모든 진리는 하나로 통하는 것이 아니겠는가. 나는 죽어 무엇으로 태어날 것인가를 생각해 보는 경건한 시간이다.

플리트비체

슬로베니아의 '블레드성'은 거대한 호수를 접하고 절벽 일백 미터의 아슬아슬한 높이에 세워져 있었다. 정말이지 탄성이 절로 나왔다. 알프스의 서쪽에 위치한 '블레드'는 자연의 아름다움과 역사적 흥미를 모두 갖춘 매력적인 마을이었는데 성, 거대한 호수, 호수 가운데의 작은 섬, 섬 속의 요정 같은 성당으로 조화를 이루었다. 성에서 내려다보는 알프스산맥의 설경 또한 사람의 마음을 빼앗기에 충분했다.

알프스의 눈동자라 불리는 '블레드호수' 속의 섬으로 들어가기 위해서는 근육으로 단련된 슬로베니아인 뱃사공이 노를 젓는 보트를 타야만 한다. 뱃사공들은 수대에 걸쳐 세습되어 내려온다는데 그 자부심이 대단했다. 섬 안에는 성모승천교회가 그림처럼 세워져 있었고, 세 번 종을 울리면 소원이 이루어진다는 희망의 전설까지 전해졌다. 온힘을 다해 밧줄에 매달려 소망의 종을 울린 일은 뜻밖의 행운이었다. 유고 연방시절에 김일성을 초청해 친교를 맺었다는 티토대통령 별장의 흔적도 호수 좌측으로 보였는데 유달리 황량하고 적막하게 느껴졌다.

세계에서 두 번째로 긴 20킬로에 달하는 '포스토니아 종유동굴'은 그 자체가 기적이라 생각되었다. '휴먼피쉬'라는 희귀물고기, 일만 명 수용이 가능한 음악 홀, 밑으로는 거대한 강까지 흐르고 있는 데는 탄성이 절로 나왔다. 내부는 섭씨 10도를 유지하며, 관광객을 위한 가이드가 함께 타는 동굴기차가 한 시간 반 정도로 운행되었다. 강렬한 여운이었다.

다음날인 1월 25일은 크로아티아 '플리트비체' 의 눈꽃이 우리를 맞이해 준다. 엄청난 눈이 내렸다. 그나마 다행인 것은 그 곳에 도착할 무렵에는 완전 멈추어 주었다는 사실이다. 설화의 아름다움을 볼 만큼 보았다지만 펼쳐지는 눈꽃들은 그야말로 이국적인 감동을 주고 있다. 파란 잎의 나무 위로 소복소복 내려앉아 쌓인 각양각색의 풍경도 장관이지만 눈 아래서 수십 갈래로 떨어지는 폭포와 어울린 설경은 지상의 풍경이리고 보기에는 무색할 정도다.

플리트비체는 호수와 숲으로 둘러싸인 천혜의 자연경관을 선물했다. 계단을 조심조심 걸어 내려가 직접 가까이서 바라본 폭포의 향연은 더욱 고혹적이다. 도대체 몇 갈래의 푸른 물줄기가 수십 미터의 절벽에서 떨어지고 있는가. 그 폭포사이로 어우러져있는 다양한 식물의 군락 또한 신비로움이다. 여기서부터 폭포를 거슬러 올라가는 트레킹코스가 개발되어 있는데, 꿈길 같은 산책로다. 서서히 고도를 높여갈수록 나타나는 크고 작은 호수와 아기자기한 폭포들. 그 호수에서 떼를 지어 노니는 다양한 물고기들. 마치 모든 아름다운 자연을 한자리에 모아놓은 종합자연박물관 같다.

플리트비체 호수 국립공원은 1949년 크로아티아 최초의 국립공원으로 지정되었으며, 1979년에는 유네스코 세계자연유산에

등재되어 보호될 만큼 충분한 요건들을 갖추었다. 빼어난 자연환경 및 수천 년간 물이 흐르며 쌓인 석회와 백악의 자연 댐이 절경을 이룬다. 층층계단을 이루고 있는 16개의 호수가 크고 작은 90여 개의 폭포로 연결되어 있다. 호수는 빛의 굴절에 따라 녹색, 푸른색, 청록색, 회색 등의 다양한 색상을 연출해 낸다. 동물로는 갈색곰을 비롯하여 약 300종의 나비, 157종의 조류, 50여 종의 포유동물, 20여 종의 박쥐가 생존한단다. 1,200여 종의 희귀식물들도 서식하고 있다. 호수주변으로는 30여개의 천연동굴이 있는데 그 안에는 종유석이 자라고 있다.

호수를 끼고 그 감미로운 길을 따라 한 시간 이상을 걸어 올라가니 바다 같은 호수가 길을 막으며 선착장이 기다린다. 이 호수는 배를 타고 지나가야 한다. 주변에는 온통 눈 세상이다. 아무도 밟지 않은 새하얀 눈의 평원이 젊은 날의 열정을 되돌려 놓는가 보다. 모두들 주저 없이 영화 러브스토리의 눈싸움 장면의 연기를 해낼 정도니 말이다. 그만큼 여유로운 시간이기도 하다. 이곳에는 세계에서 연간 백만 명의 관광객들이 몰려온다는데 오늘은 우리 '한솥가족'과 일행이 전부이니 오히려 고적감이 느껴질 정도다.

배는 떠난다. 운무 속에서 호수는 더욱 커다랗게 보인다. 바다를 항해하는 기분이다. 지나간 추억들이 가슴을 적시기도 하고 변함없이 지켜온 우리들의 40년 우정이 대견스럽기도 하다. 호수의 끝에는 또 새로운 전경이 맞이해 준다. 늦은 점심시간이 되었다.

지붕이 예쁜 2층집 식당에는 우리들을 위한 점심상이 차려져 있다. 주 메뉴는 송어구이인데 정말 맛있다. 서양음식이 이렇게 입에 맞을 수가 있단 말인가. 패키지여행에서 시간에 쫓겨 허겁지겁 먹는 식사가 아니라 아주 여유롭고 품위 있는 시간임에 마음 편하다. 정성으로 만든 요리에 생맥주 한 잔 기울이는 맛은 플리트비체 여행의 화룡점정이라 할 만하다.

　여유로운 식사를 마치고 밖으로 나오니 갑자기 날씨가 어둑해지더니 눈송이 몇 개가 떨어지기 시작한다. 그런데 왜 갑자기 젊은 날 크리스마스를 며칠 앞둔 것 같은 낭만적인 생각이 스쳐 지나가는 것일까. 마치 고향에 왔는데도 고향이 그리운 것 같은 심경이라고 할까. 이런 기분이 객창감이라는 것일까. 저녁에는 크로아티아의 수도 자그레브로 이동하여 자그레브 대성당, 화려한 칼라의 모자이크 지붕의 아름다운 성 마르코 교회, 구시가지의 반젤라치크 광장을 둘러보며 소중한 하루를 접는다.

1월 23일, 프라하국제공항에 착륙하는 것으로 시작해 1월 30일 인천공항에 도착할 때까지 8박 9일간의 유럽여행을 기억 속에 조용히 새겨둔다.

설국의 밤

한겨울도 깊어가는 북해도.

끝도 없이 펼쳐진 눈, 눈, 온통 눈으로 덮인 세상. 유황온천물이 흐르는 계곡, 그 사이를 흘러가는 수많은 관광객들.

그 섬의 원주민인 '이이누족'에 대한 강렬한 인상. 지금은 그들의 존재가 미미하다 해도 아이누족은 분명 독자적인 언어를 가지고 있었고 북해도 지방의 대부분 지명들은 그들의 토속어로 이루어졌다고 한다. 홋카이도, 노보리베츠, 삿포로, 오타루, 쿳챤, 샤코탄 등. 언어의 힘이 얼마나 위대한 것인가를 느끼게 된다.

또한 그들은 모든 사물의 정령을 믿고 있었다. 감동적으로 지켜본 '곰의 영혼 환송식'이 그 중 하나였다. 남녀노소 마을사람들이 모여 형형색색의 의상으로 빙글빙글 춤추는 의식은 옛날부터 내려오는 혼령맞이 풍습이란다.

아이누족이 이 섬에 정착한 후, 수세기 세월이 흐른 지금도 그들의 문화와 정신을 잇고자 노력하는 모습은 계속되고 있었다. 그러한 간절한 염원을 무형문화재로 지정한 일본 정부의 높은 문화의식 또한 놀랍기만 했다.

저녁 무렵에 '명수정'으로 버스는 달린다. 온천도시는 하얀 눈으로 덮여있는데, 또다시 새로운 눈이 펑펑 내려서는 쌓인다. 숙소가 가까워지자 설경은 더욱 현란한 아름다움을 발한다. 온 나무에, 온 산에, 온 거리에, 온 마을에, 모든 집들의 지붕 위에, 눈이 내리고 쌓여간다. 거리는 키만한 눈 벽이 줄지어 서 있고, 그 사이로 사람과 차들이 움직이고 있는 형국이다. 과연 '설국'이란 말이 실감이 난다.

이번 여행의 절정은 저녁식사 후 온천에서 맞이한다. 커다란 실내 온천탕도 장관이지만 나의 관심은 자꾸만 노천탕으로 간다. 노천탕을 만나러 계단을 내려서고, 바깥으로 연결되는 문을 밀고 밖으로 나간다. 순간, 짜릿한 차가움이 온 몸을 휘감으며 영하 10도 이하의 강추위가 뼛속 깊이 파고든다. 일단 신속한 동작으로 흐르는 물속에 몸을 숨긴다. 이불처럼 따스한 온기가 긴장된 마음을 감싸 안아 준다.

하얗게 눈 덮인 계곡의 속살 사이로 흘러내리는 따뜻한 물줄기, 어둠 속의 불빛 사이로 층계를 이루며 만들어진 크고 작은 노천탕들. 주변은 빼곡히 산이고 산은 모두 흰 눈으로 덮였다. 그 자연을 그대로 보존하여 온천으로 이용할 수 있도록 호텔이 설계된 것이다. 노천탕은 자연 그대로의 지형이다. 그러니까 물속은 따뜻하지만 물 밖은 영하의 추위 그대로라 머리카락은 그대로 얼어버린다. 그 이중성의 짜릿함이 노천탕의 묘미인 것 같다.

흐르는 물속에 누워 잠깐 하늘을 바라본다. 음력 정월 초이렛날 초승달이 별과 함께 반짝인다. 아, 천국이 있다면 이런 곳일지도 모르겠다. 이렇게 갑자기 준비도 없이 천국을 만나다니.

더욱 인상적인 것은 두 명의 낯선 외국인이 곁에 있다는 사실이다.

한 사람은 큰소리의 일본말로 내게 무엇인가를 물어오고, 또 한 명은 중국어로 뭐라고 감탄사를 질러댄다. 아마도 '참 멋지고 좋지 않으냐'는 표현일 것이다. 이렇게 우연히 만난 사람들의 풍광이 노천탕과 절묘한 조화를 이룬다는 생각을 하게 된다.

그렇게 발가벗은 우리들은 국적을 초월하여 서로를 의지하며 자연스럽게 하나가 되어간다. 같은 사람이라는 이유만으로도 인종을 뛰어넘어 서로 사랑하지 않으면 안 된다는 사명감을 절박하게 체득하는 순간이다. 그들이 그렇게 고마울 수가 없다. 오랜 죽마고우를 만나 쌓인 회포를 푸는 시간인 듯 정겹기만 하다. 혼자서는 이 낯선 이국의 밤, 노천탕을 어떻게 즐길 수가 있겠는가. 그들 또한 마찬가지 아니겠는가.

천혜의 계곡 속에서 뽀얗게 퍼지는 수증기와 불빛 사이로 아련히 층계별로 만들어신 탕들의 형체가 어슴푸레 드러난다. 모두 네 개의 층으로 이루어졌음이 확인된다. 가만히 살펴보니 온천수는 맨 위층의 작은 탕에서 쏟아져 나온다. 그 밑으로 내려오면서 조금씩 규모가 커지고, 맨 아래 탕은 소를 이룰 만큼, 큰 호수처럼 되어 있는 것이다.

세 사람은 언어는 초월한 채, 네 개의 탕을 오르내리며 손사래도 치고, 수영도 하고, 한바탕 박장대소도 해가며, 그렇게 각자 아득한 동심으로 달려가고 있었을지도 모른다. 나의 상념은 문득, 고향집 개울에서 동무들과 송사리를 잡던 그 까마득한 시간의 언저리까지 곤두박질하고 있었다.

설국의 밤은 그렇게 깊어갔다.

잃어버리기 연습

중국 여행 중에 스마트폰을 잃어버렸다.

청해성 '문원'의 그 황홀하고 거대한 유채꽃에 취하고 돌아온 날 저녁, '시닝'이란 도시의 저녁산책이 문제였다. 야시장을 구경하고 돌아오자는 제의에 모두들 피곤한 기색도 없이 좋아했다. 나는 행여나 싶어 '몸같이 아끼는 폰을 방에 두고 갈까' 하는 생각이 잠시 스쳤지만 설마 하는 마음에 그냥 바지주머니에 넣고 나갔다.

시장은 어마어마하게 크고 넓었다. 세상에 존재하는 모든 물건들은 모두 진열된 양 싶었고 다양한 사람들로 활기가 넘쳐났다. 특별히 야외 포장마차 골목에는 여러 가지 향기를 풍기며 온갖 종류의 음식과 과일들이 지천으로 널려 나그네의 발길을 붙잡고 있었다. 우리나라에 비해 값도 무지 저렴했다. 나는 향 가게에 들러, 조상님에 대한 선물로 인도산 향 한통을 사서 배낭 속에 넣었다. 그렇게 정신없이 한 시간 이상을 훌쩍 보내고 시장을 돌아 나오는데 주머니속의 전화기가 없어져 버렸다. 소매치기를 당한 것이 분명하다.

호텔에서의 설마 하던 예감이 맞아떨어졌다. 쿵하는 충격이 가슴을 치며 여행의 즐거움조차도 수만 길 절벽 아래로 추락하는 낭패감이 몰려왔다. 아무리 전화를 해 보아도 '전화기가 꺼져있다'는 신호음만 들려올 뿐이다. 신체의 일부와도 같은 폰을 잃어버렸음이 확실해졌다.

그 속에는 소중하고 다양한 온갖 정보들이 저장되어 있다. 전화번호 약 5백 개, 틈틈이 주요장면을 찍은 사진 3백여 장, 각종 생각들과 정보를 적은 메모 수백여 점, 동영상, 카카오스토리의 대화들, 그 모두를 순식간에 날려버린 것이다. 갑자기 고립무원, 홀로 떨어진 단절감이 몰려왔다. 모든 것이 순간적인 부주의로 일어난 절망적인 현실이 되고 말았다. 아, 하느님. 가혹한 형벌입니다. 라는 탄식이 절로 나온다.

스마트폰은 디지털시대의 필수품이다. 전화와 문자메시지의 송수신은 기본이지만 인터넷 검색, 이메일 확인, 각종 게임 등의 기능 외도 수백여 종의 다양한 응용프로그램을 원하는 대로 설치히고 삭제할 수 있다. 세상이 모두 그 속에 들어있다고 보면 된다. 가장 가까운 벗이라 해도 과언은 아닐 것이다.

어떻든 이 엄연한 현실을 받아들이고 헤쳐 나가지 않으면 안 된다. 생각해보면 이렇게 큰 물건을 잃어버린 참담함이 이번만은 아니다. 가까이로는 마지막 고교 교사로 재직하던 해 11월, 대입수능 감독을 마치고 몇몇 동료들과 모여 저녁식사를 하고 노래방까지 간적이 있다. 늦은 귀가길, 택시비를 주려는데 지갑이 없어졌다. 그때의 그 황당함이여.

지갑 속에는 주민등록증을 비롯해 각종 신분증과 신용카드 몇 장이 들어있었다. 현금도 감독수당으로 받은 10만원을 합쳐 30만원이 있었음을 분명히 기억한다. 돈도 돈이지만 현금카드는 재빨리 분실신고를 해야 하는데 귀찮기도 하지만 그 후유증은 오래 간다. 한 6개월쯤 후에 이 지갑은 경찰서로부터 택배로 돌아왔지만 이미 쓸모없게 된 후였다.

수년 전 미국여행을 했을 때는 16일간 열심히 메모한 내용을 외국비행기에 두고 내린 적도 있다. 지갑을 잃어버린 것 이상의 충격을 받았음은 물론이다. 그렇다고 누구를 원망할 수도 없었다. 모두 내가 지키지 못해 일어난 일이니 말이다.

잃어버린 것에 대한 소년시절의 기억도 생생하다. 중학교 2학년이던 60년대, 갓 나오기 시작하던 청·적·홍의 3색 볼펜을 구입 3일 만에 잃어버렸다. 부모님을 졸라 얼마나 어렵게 산 물건인데, 그 볼펜만 있으면 공부까지도 잘 될 것만 같았던 보물 중의 보물이었는데, 친구들 앞에서 온갖 자랑을 다 늘어놓은 펜인데, 사랑도 때우지 못하고 잃어버린 것이다. 그때의 허탈함과 절망감은 50년이 지난 지금까지도 상처로 남아 있을 정도다.

생각해보면 그러한 잃어버린 물건들은 다시 구입하기까지 우울하고, 귀찮고, 시간이 많이 걸리고, 경제적인 손실을 가져다주지만 결국은 원상태로 돌려놓을 수 있음이다. 한번 잃어버리면 영원히 찾을 수도 되돌릴 수도 없는 것이 진정으로 문제가 아니겠는가.

사랑하는 사람의 영면이나 갑작스런 가족의 죽음은 슬픔으로도 극복할 수 없는 극한의 단절이다. 나의 생명까지도 결국은 잃어버리고 세상에서 흔적 없이 사라져야할 존재가 아닌가. 그러니 스마트폰 분실 하나에 너무 연연해서는 안 될 일이라고 거듭 위로해 본다. 작은 잃어버리기를 통해서 큰 잃어버림을 대비하라는 섭리로 받아들여야겠다는 생각도 해본다. 속이 쓰리지만 이미 엎질러진 물이 되고 말았으니 말이다.

　며칠간 세상과 불통한 채 살다가 단절의 불편함을 통하여 그동안 무한정으로 누렸던 문명의 편리함에 대한 감사의 마음도 느껴봐야 할 일이다. 집으로 돌아가면 새로운 폰을 구입하고, 전화번호를 하나하나 입력하며 천리 길도 한 걸음부터라는 마음으로 다시 시작할 것을 다짐한다. 오히려 새로운 희망 하나 생겼다 생각하자.

　내일은 중국 최대의 호수 '청해호'와 소금호수인 '차카염호'를 보러간다. 바다보다 더 넓게 보일 수도 있는 청해호에서 모든 근심 툭툭 털어내며 마지막 남은 일정을 즐겁게 마무리해야 하리라.

제4부 한 세상 사는 일이

3월을 기다리는 새 선생님

입춘이 지나고 오늘이 우수다. 이미 봄의 문턱이다. 온 대지가 희망으로 움트는 3월의 새아침이 눈앞에 다가 왔다. 힘든 임용절차를 끝내고 새 학기 첫 교단에 서기를 기다리는 숱한 새내기 선생님에게 한 말씀드리고자 한다.

여러분들의 부푼 가슴만큼 3월의 교정은 설렘으로 시작된다. 개학식 날 아이들의 환호 속에 발표되는 새 학년 새 담임. 숨 막히도록 긴장되고 가슴 울렁이는 시간들이다. 교사들도 그 순간만은 어떠한 고뇌도 잊어버리고 오직 티 없이 맑고 밝은 아이들의 미소만 생각할 것이리라. 그러한 설렘이 힘든 난관 속에서도 평생 교단을 묵묵히 지키는 힘과 용기가 아닐까 싶다. 학생들의 기대감은 그 이상으로 크다. 새 학교 새 학반에서 새로운 선생님과 친구들을 만나는 일은 그 어떤 문제보다 중요한 것일 터이다. 그러한 만남의 중심에 새내기 선생님들도 함께 있는 것이다.

인구의 3분의 1이 학생이라는 통계를 생각할 때 이제 교육은 국민 모두의 핵심적인 사안이요 이슈일 수밖에 없다. 그 학교가 곧 새 학기를 맞이한다. 새로운 각오와 희망으로 3월의 새 교실에서 저마다의 소중한 꿈을 펼치려 한다. 이 시점에서 교육의 본질을 다시 생각해 보지 않을 수가 없다.

치열한 경쟁의 대열에서 낙오하지 않으려고 발버둥치는 지금의 현실에서 올바른 교육자의 길은 무엇일까. 너도나도 남을 밟고서라도 다투어 앞서려 하는 이 현실에서 참교육의 길이란 무엇일까. 모두가 안정된 전문직장을 얻으려하고 사회의 지도층이 되려하고 많은 돈을 벌려하고 남을 지배하려하는 욕망에서 교육의 본질이란 무엇인가를 되새겨 보아야할 것이다. 그 목적을 위해 모두를 숨 가쁘게 획일적으로 몰아붙이고 그 대열에서 탈락하는 자는 낙오자로 취급하는 것이 교육의 길은 아닐 것이다.

생각해보면 좋은 길도 분명 있을 것이다. 세상에 사람이 가야 될 길이 수없이도 많기 때문이다. 교사는 그 다양한 길을 제시해 주어야 한다. 사람은 모두가 타고난 소질과 개성이 다르며 생각도 취미도 다르다. 꿈과 이상도 신체적인 조건도 모두 다르다. 그 여건과 특징에 따라서 가야할 길도 달라져야 함을 가르쳐야한다.

오직 교과공부라는 한 가지 길만 고집하는 것만큼 맹목적인 것도 없을지 모른다. 그 길을 가지 못할 때 꿈을 잃게 되고 꿈을 잃을 때 삶을 포기하는 극단적인 행동도 나올 수 있다. 불행한 일이다. 인생의 성공이라는 것이 학교공부만 그 기준의 전부가 될 수 없다는 점도 분명히 가르쳐야한다. 그 길은 그 능력에 해당되는 소수에게만 열린 비좁은 길일 뿐이다.

아무리 보잘것없는 사람일지라도 잘 할 수 있는 능력이 한 가지는 있다고 한다. 그것을 찾아내어 창의적으로 계발하고 그 길로 인도하여야 한다는 말이다. 그것이 교육의 본질이고 그래서 교직은 전문직이 아니겠는가. 문예창작에 소질이 있는 사람은 문학가의 길이 정도다. 그림을 잘 그리는 사람은 화가의 길이 옳다. 요리에 소질이 있는 학생은 요리학교에 보내야 한다. 체육에 천부적인 자질을 타고난 사람을 법관의 길을 강요해서는 안 된다. 교사는 학생이 가지고 있는 그 뛰어난 가능성을 어떠한 방법을 동원해서라도 찾아내 주어야 한다.

결국 교육의 궁극적 목적은 한 인간이 가지고 있는 수많은 소질들 중에서 가장 잘할 수 있는 것 하나를 끄집어내는 일이 아니겠는가. 무조건적 점수 따기에만 연연하는 것은 무모한 일이다. 모든 교육과정은 잠재된 가능성을 발견해내는 데 맞추어져야 하고 스승은 제자의 가장 훌륭한 인자를 발견해 내는 역할을 해야 한다. 그것이 미래교육의 핵심 비전이라 믿는다.

그럼에도 교육은 사랑이고 실천이다. 지금까지 배운 수많은 교육이론들은 잠시 접어두자. 그것은 먼 훗날 철학의 빈곤함을 느낄 때 꺼낼 날이 있을 것이다. 선배교사를 존경하라. 그분들도 여러분과 똑같은 젊음과 신임시절이 있었다는 사실을 잊어서는 안 된다. 오히려 새내기 선생님이 가지지 못한 경륜이 있음을 인정해야한다.

우리 아이들에게 미래의 모든 명운이 달려 있다. 그래도 교육만이 이 나라를 살릴 수 있는 유일한 대안이라고 믿는다. 다시 한 번 임용을 축하드리며 앞날에 행운을 빈다.

나의 학생들에게

영리함도 좋지만 성실한 사람이 더 좋다. 성실만이 모든 인생의 문제를 해결해 줄 수 있다고 믿고 있다. 공부도, 일도, 사랑도. 한 시간에 안 되면 두 시간하고 하루에 안 되면 이틀하고 1년에 안 되면 2년 노력하면 못 이룰 것은 아무 것도 없다. 문제는 중도에서 포기하는 것이고 스스로 절망하는 것이고 기다리지 못하고 떠나는 것이다.

자존심을 지키고 공과 사가 분명한 사람이 좋다. 자존심이란 스스로를 지키고 자신을 사랑하는 일이다. 감히 누가 함부로 대할 수 없도록 능력을 기르고 인격을 함양하는 것이 자존심이다. 그것을 위해서 때로는 부모님 선생님과 대화하고 아픈 부분을 드러내 보이고 속 깊은 대화를 나누는 것은 자존심을 지키기 위한 용기 있는 행동이다.

내가 세상에서 존경하는 인물은 많다. 매월당 김시습, 연암 박지원, 이상, 멜빌. 이들은 모두 시대를 앞서간 사람들이다. 김시습은 최소한 5백년 미래를 예측했다. 그의 소설『금오신화』는 5백년이 지난 지금에 와서야 현실화되고 있음이다. 박지원과 멜빌은 2백년, 이상은 50년의 미래를 예측한 사람들이다. 때문에 이들은 당대에는 인정받지 못하고 오히려 미치광이 등으로 오해되었다. 선각자는 그만큼 고독하다. 이 외도 존경하는 사람들은 또 있다. 정의를 위해서 싸우다가 많은 불이익을 당하며 희생된 분들이다. 이들이 있었기에 우리 사회는 이 정도라도 발전되어 왔다고 믿고 있다.

우리나라 작가 중에서 조정래를 좋아한다. 『태백산맥』 전 10권, 『아리랑』 전 13권 등 역사대하소설의 작가로 대표되는 그는 한국이 낳은 위대한 문학가라 생각한다. 『태백산맥』은 해방 전후 우리 역사 질곡의 소용돌이를 모두 10권이나 써 내려간 주력에 놀라고 역사의 진실에 놀라고 서정성 짙은 문체에 다시 한 번 놀라지 않을 수 없다.

나는 산에 오르는 것을 참으로 좋아한다. 백두산 설악산 소백산 덕유산 가야산 매화산 계룡산 주왕산 금오산 황악산 영취산 능동산 재약산 천황산 가지산 비슬산 화왕산 민주지산 금산 남산 백운산 의상봉 두륜산 월출산 조계산 노사산 밍신 지굴산을 올랐다. 그리고 팔룡산 무학산 천주산 정병산 장복산을 두루 돌아보았다. 그 중에서 천주산은 일천여 번, 무학산은 이천여 회 이상이나 올랐고 지금도 쉼없이 오르내린다.

민족의 영산 지리산. 지리산은 나의 운명이다. 지리산으로 인해 글을 쓰게 되었고 문인으로 등단을 했고 4권의 책을 펴냈고 문학상을 받았고 국어교과서에 작품도 실리게 되었다. 그 숙명의 산에서 자유와 유토피아를 찾아 젊음을 송두리째 바쳤다.

100리 주능을 비롯하여 남부능선 동부능선 왕시루봉능선 중북부능선 불무장등 황금능선 심원능선 달궁능선 심마니능선 치밭목능선 서북능선 두류능선 종석대능선 달뜨기능선 명선북능남능 칠불사능선. 뱀사골 통신골 조개골 칠선계곡 한신계곡 피아골 연동골 빗점골 대성골 수곡골 이끼골 대소골 도장골. 천왕일출 노고운해 반야낙조 벽소명월 연하선경 주능의 설경 세석철쭉 왕등재습지. 천왕봉 중봉 하봉 써레봉 노고단 반야봉 영신봉 제석봉 덕평봉 명선봉 일출봉 삼신봉 형제봉 만복대 영원봉 웅석봉을 답파했다. 그럼에도 지리산은 크고 넓어 아직도 가야 할 미지의 장소가 있음을 고백한다.

   산은 말이 없어 좋다. 누구에게나 편견없이 공평해서 좋다. 언제나 변함없이 그 자리에 있어서 좋다. 우리 인간의 감정 상태와는 아무런 상관없이 억년의 침묵만을 지키고 있을 뿐이다. 산은 끝없고 무한한 메시지를 인간에게 보내고 있다. 정직을 겸손을 진실을 멋스러움을 자신감을 용기를 인내를 위로를. 그래서 나는 산에 오르고 산 같은 사람을 좋아한다.

   나의 학생들에게 바람이 있다면 어느 곳에서 무엇을 하며 살더라도 분명한 자기의 색깔을 가지고 살아가라는 것이다. 성공한 인생이란 무엇이 되느냐가 아니고 얼마만큼 자기의 모습으로 살았느냐라고 생각되기 때문이다. 자기만의 색깔로 단 한 번밖에 없는 인생을 멋지게 살아보길 바란다. 여러분과의 만남은 내 인생의 행복 그 자체임을 고백하지 않을 수가 없다.

이웃

이웃에 대한 섭섭함 때문에 사람들이 힘들어 할 때가 많다. 나는 저에게 온갖 정성으로 잘 해주었는데, 그는 나처럼 그렇게 하지 않는다는 이유다. 심한 경우에는 '죽일 놈, 살릴 놈' 언성을 높여가며 의절까지 하게 된다.

우리는 다양한 관계 속에서 많은 사람과 접하며 생활하고 있다. 가깝게는 부모자식, 부부, 형제 등 가족으로부터 삼촌, 사촌, 일가친척, 친구, 애인, 선배, 후배, 스승, 제자, 동료에 이르기까지 그 범위는 매우 넓고 크다.

하지만 그들이 내게 해줄 수 있는 것이란 그냥 곁에 있어주는 것뿐이 아닐까 싶다. 그것만으로도 얼마나 다행한 일인가. 인간적으로 배신하고 상처를 내는 경우도 얼마나 허다한가. 재산을 줄 것인가. 재능을 전수해줄 것인가. 직위를 줄 것인가. 대신 울어줄 것인가. 물론 그 이상의 것도 주고받을 수 있겠지만 순간적이요 일시적일 뿐이다. 간절히 원하는 마음속 인간적인 본질은 근본적으로 교류할 수가 없는 것이 이치라 믿는다.

곁에 있어주는 것만으로도 얼마나 고마운 일인가. 든든한 울타리임에 만족하자. 섭섭해 하지 말자. 자기 몸 하나 가리며 사는 일도 버거운 시대가 아닌가. 때로는 그도 나 때문에 섭섭하고 힘들었을 경우가 있었으리라. 나 역시도 편협하고 부족한 인간이기에 그의 깊은 내면을 따뜻하게 감싸지 못했을 뿐만 아니라 고통을 주기도 했을 것이다.

인생의 본질은 혼자 가는 것이다. 혼자 기뻐하고, 고뇌하고, 흔들리는 것이리라. 궁극에는 죽음까지도 혼자 쓸쓸히 받아들여야만 하는 숙명이 아닌가. 그 여정에서 아름다운 인연으로 만나 한때나마 사랑하며 웃어주는 이웃이었다는 사실 만으로도 얼마나 축복인가.

그 소중한 사람에게 어떤 식으로든 상처를 내어서는 안 될 일이다. 당신 때문에 이렇게 외롭지 않음이 고마울 따름이라 생각하면 안 될까.

학보사의 인연으로

　3월의 봄볕이 경남대학교 월영캠퍼스 위로 화사하게 내려앉는 한낮이다. 간간히 구름 한 줄기 유유히 흘러간다. 모교의 청년작가아카데미 초빙교수 임용장을 받는 날은 쌀쌀하지만 약동하는 거대한 봄기운이 느껴진다.
　지난 세월이 강물처럼 아득할 때도 있지만 어제처럼 선명하게 남아있는 일도 있다. 40여 년 전 대학시절이 그렇다. 더 정확하게 말하자면 학보사 기자시절이 평생을 지배한다. 수습으로 시작, 정기자가 되고, 편집장으로 캠퍼스를 누비던 그 푸른시절이 40년이란 세월의 강을 넘어 거울처럼 다가온다.
　그때를 생각하면 지금도 발걸음이 빨라지고 심장이 고동친다. 3월에 입학을 하고 곧바로 학보사 수습기자 공채시험 공고가 나붙었다. 각 동아리에서는 저마다 좋은 신입생을 유치하려고 경쟁을 벌였음도 물론이다. 국어교육과 신입생과 나의 관심은 학보사가 단연 으뜸이었다. 원서를 내고 시험장에 들어서는 순간 가슴이 서늘했다. 10여명 모집에 무려 백여 명 가까운 응시자가 몰려들었기 때문이다.

분명 그랬다. 되는 시험이 아니라고 절망했는데 운 좋게 최종합격자 명단에 올랐으니 그 감동은 컸다.

합격의 기쁨도 잠시, 1년간의 수습기간을 통하여 절반 정도를 탈락시킨 후 기자로 임명했으니, 살아남기 위해서는 다시 치열한 경쟁을 벌여야만 했다. 그쯤 되었으니 기자로서의 자부심과 사명감은 하늘이라도 찌를 듯이 충천했음이 물론이다. 그런 시대였다. 요즘은 너도나도 학보사 기자를 기피한다고 하니 세상이 변해도 너무 변했지 싶다. 격세지감이란 말조차도 뛰어넘는 변화가 아닐 수 없다.

2학년이 되어 수습이라는 이름을 떼고 학보사에 다소 적응도 하고, 객관적으로 주변을 찬찬히 들러보는 여유도 생겼다. 학보사 선후배의 체계는 군대만큼이나 엄격했지 싶다. 매일 방과 후에 남아서 선배의 훈시를 들어야 했으며, 1단짜리 기사를 수십 번씩 반복해서 쓰는 일은 예사였다. 신문제작을 위하여 부산 충무동의 인쇄소에 내려가 1박을 할 때면 선배의 자질구레한 잔심부름까지 해야만 했다. 그래도 학보를 만든다는 사명감은 그 어떤 난관도 장애가 될 수는 없었다. 선배들은 기회 있을 때마다 각자의 무용담을 들려주었는데, 주로 발로 기사를 쓰는 이야기였다. 그러다보니 수업을 빼먹는 일은 예사였다고 강조를 많이 했다.

그런 과정을 거쳐서 3학년 2학기, 기자의 꽃인 편집장이 되었다. 한 대학의 편집국장이라는 직책은 중차대하고 막강했다. 날짜에 맞추어 학보를 내는 일은 기본이지만, 학생회와 힘겨루기를 해야만 했고, 후배기자를 뽑아서 교육시켜 역사와 전통을 잇게 하는 사명감은 중요했다. 그때서야 비로소 선배들을 이해할 수가 있었고 왜 후배를 그렇게 혹독하게 다루어야하는지 그 답을 얻었다.

내가 후배들에게 가장 중시한 것은 공부였고 학점이었다. 기자이기 이전에 학생임을 잊어서는 안 된다고 강조했고 면학분위기를 최우선으로 삼았다. 그 결과 후배 중에서 특대생이 나오는 특종감을 만든 일은 아름다운 기억으로 남아있다.

그 시기는 대학의 역사로 볼 때 역동적인 과도기였다. 완월동에서 월영동으로 캠퍼스가 옮겨진 원년인 1974년에 입학을 했으니 말이다. 학보 역시 월간에서 순간으로, 다시 주간으로 급박하게 바뀌어 갔고, 학보사는 출판국으로 조직체계를 확대했다. 그 중심을 온몸으로 헤쳐 나온 것이다.

나의 대학생활은 학보사 생활이 전부인 채로 그렇게 졸업을 했다. 그 인연은 끝이 아니고 새로운 시작일 뿐이었다. 학보사 출신의 선후배가 다시 만나고, 만나면 반갑고, 자연스럽게 정례화 하는 모임이 만들어지게 된 것이다. 이름 하여 〈한솥〉이다. 학보사에서 한솥밥을 먹었다는 뜻이다. 선후배동료 다섯 명이 출발하였으나 결혼을 하여 열 명으로 늘어났고, 각 가정 공히 두 자녀를 두어 20명으로 불어났다.

그렇게 우정은 이어졌다. 길흉사 때는 물론이고 아이들이 대학을 입학할 무렵이면 책값 정도라도 장학금으로 건네주며 격려를 해주었다. 그러면서 해외여행도 함께 다녔다. 중국과 동남아를 시작으로 세계를 거의 일주했다. 미국, 서유럽, 동유럽, 발칸반도, 북유럽을 부부동반으로 다녀왔다. 지금은 또 새로운 여행을 앞두고 준비 중에 있다.

그 세월이 50년을 눈앞에 두고 있으니 평생을 함께 해온 셈이다. 이제 죽는 날까지 함께 가야한다는 사실은 주변에서 더 잘 알고 격려해줄 정도다. 결국 학보사는 평생을 의지하는 내 인생의 든든한 동아줄이 되어준 것이다.

    경남대학보가 70년을 넘어 백년, 천년, 영원히 이어지길 기원한다. 더불어 내 남은 인생도 그 젊은 날의 봄날처럼 설렘으로 가득하기를 소망해 본다.

고통의 신비

고통 없는 삶은 없을까. 하느님은 왜 이토록 수많은 고통이라는 아픔을 우리에게 주셨을까. 애절하고도 슬픈 그리움의 고통. 지나가는 동료의 무심결에 뱉은 말 한마디가 가슴을 후벼 파는 마음의 고통. 원대한 꿈을 품고 살아오다 그것이 좌초될 때 오는 허무함의 고통. 한평생 나름대로 쌓은 모든 것들이 하루아침에 와르르 무너질 때 오는 절망감의 고통. 헐벗음과 굶주림의 고통. 무시당하고 짓밟히는 상처의 고통. 고통들.

육체적인 고통도 아프기는 마찬가지다. 팔다리가 부러지는 고통에서 오장육부를 도려내는 고통. 암세포의 전이로 젊은 목숨이 죽음을 기다리는 공포의 고통도 우리 주변에는 얼마든지 볼 수 있고 내가 당할 수도 있는 일들이다.

사람이 한평생 살아가면서 정도의 차이는 있지만 이 숱한 고통들을 겪지 않고서 살아가는 사람은 아무도 없으리라. 이 고통은 죽고 싶을 만큼 아프고 참담한 것이다. 그렇다고 목숨이라는 것을 마음대로 쉽게 버릴 수 있는 것도 아니기에 어쩔 수 없이 안고 살아갈 수밖에 없다. 이럴 때 나는 그리스도의 십자가를 조용히 생각해 본다.

아무런 죄도 없이 인류구원이라는 명제 하나로 발가벗기고 채찍질 당한 채, 머리에는 조롱하는 인파들로부터 가시관까지 씌워진 채, 피 흘리며 말없이 십자가의 죽음을 택한 그분의 참혹한 모습. 우리가 이 세상에서 아무리 억울하고 가슴치고 통곡할 일이 있다 해도 그리스도만큼 억울하며 고통스러울 것인가를 생각해 보지 않을 수 없다. 그분의 아픔과 상처를 생각해 본다면 나의 고통은 얼마든지 위로받을 수 있지 않은가. 이 때문에 신앙 안에서의 고통은 신비라고 보는 것이리라. 사실 "고통이 신비"라는 논리는 소경이 눈을 뜰 만큼의 충격적인 사실이 아닐 수가 없다.

인간의 존재가치는 깨달음에 있다고 한다. 이 깨달음은 그냥 주어지는 것이 아니라 자기를 버리고 희생하는 아픔과 고통을 통해서만이 얻을 수 있다는 사실이다. 목마름의 고통을 통해 물의 소중함을 깨닫고, 육체적인 아픔을 통해 건강의 소중함을 깨닫듯이, 우리의 삶도 반드시 아픔과 고통을 통해 무엇인가를 깨닫게 되는 것이 아닐까. 결국 의미 있고 가치 있는 삶을 산다는 것은 이러한 깨달음이 마음속에서 이루어질 때 가능한 것이리라. 신앙의 가치가 하느님에 대한 지식의 축적에 있는 것이 아니라 그분에 대한 깨달음에 있는 것도 같은 맥락에서 이해될 수 있는 것이다.

삶의 마디마디에서 피할 수 없는 수많은 아픔들. 이 아픔들이 때로는 인생을 어둡게 하고, 좌절하게 하고, 황폐화시키고, 미워하게 하고, 누군가를 죽이고 싶고, 실망의 낭떠러지로 곤두박질치게 한다. 이때 우리는 이 고통을 고통으로만 받아들이게 될 때 그 고통에서 빠져 나오기란 참으로 쉽지 않다. 오히려 그 고통으로 인하여 다시 한 번 무너지고 헤어 나오지 못할 만큼 더 큰 절망의 구렁텅이로 빠져들고 말 것이다. 그러나 그 고통에 의미를 부여하면서, 내 안에 적극적으로 받아들이고 수용하게 될 때, 고통의 힘은 약화되면서 새로운 깨달음의 힘들이 솟아나게 되는 것이다.

인간은 고통 안에 구원의 뜻이 있고 새로운 인간으로 다시 태어나게 되며, 육신을 능가하는 영적인 것의 위대함이 있는 것이다. 또한 인간이란, 자신을 넘어서 나아가도록 하는 초인적인 힘이 신으로부터 주어졌는데, 고통이란 바로 인간에게 이 초월성을 가르쳐 주고 있는 것일지도 모를 일이다. 그런 의미에서 고통은 신비라고 생각한다.

감옥에서 온갖 고초를 겪은 시인 보에티우스는 "행복은 사람을 속일 수 있으나, 불행은 언제나 사람을 속이지 않는다"고 말했다. 고통은 사람이 지혜를 배울 수 있는 훌륭한 학교이다. 눈물이 눈 속에 끼어 있던 먼지를 씻어 주듯이 한 번도 눈물 너머로 세상을 보지 못한 사람은 이 세상이 참으로 어떻다는 것을 알기 힘들다. 그러므로 고통은 세상 구원의 도구가 되며 초자연적이다. 또한 그 안에서 인간이 자기 자신을, 자기 자신의 인간성과, 존엄성과, 사명을 발견하므로 다분히 인간적이다.

그리스도가 죄 없이 고통을 받으시므로 고통으로서 사랑과 선을 창조하신 것이 아닌가. 인류구원이라는 최고의 선이 그리스도의 십자가에서 이끌어내어지며 십자가에서 다시 출발하게 되는 이유이다. 그러므로 그리스도의 십자가는 생명수가 흐르는 강의 출발점이다. 하느님이 착한 이에게도 고통을 주는 이유가 여기에 있음을 생각해야 한다.

결국 고통 없는 영광은 없으며, 십자가 없는 부활은 생각할 수 없으며, 죽음 없는 천국이란 존재 할 수 없는 것이다.

어느 날 문득 이 사실을 깨달으며 하느님은 결코 감당할 수 없는 고통은 주시지 않은 것이라고 생각해 본다.

얄미운 하느님

하느님은 참 얄미울 때가 많다. 어떠한 경우라도 바라는 소망을 바로 주시는 법이 없다. 너무 절박해서 당장 이루지 못하면 숨이 넘어갈 지경이 된다 해도 그 뜻을 들어주지는 않으신다. 바라고 바라다 지쳐서 이제 그 바라는 바가 소용이 없어 포기하려할 때쯤, 슬그머니 모르는 척 손을 내민다. 정말로 그 꿈을 접고 다른 길로 들어서려는 순간 싱긋 웃으며 존재를 알리는 경우가 많다. 마치 '삶이란 이런 것이다'라고 보여주는 것처럼 말이다.

나는 사십대 초반 무렵 집 한 채가 간절하게 그리웠다. 화려한 주택이 아니라 아주 작은 집 하나쯤 소유하고 싶었다. 척박한 두메산골에서 훌훌 단신 객지에 내려와 육신하나 누울 만한 자기 소유의 공간하나 바라는 것은 어쩌면 당연한 일인지도 모를 일이다. 그것도 박봉이나마 맞벌이로 십년 이상의 직장생활까지 했으니 무리한 욕심도 아니었다. 하지만 사십 중반이 되어 자산동으로 이사를 하면서 처음으로 내 소유의 작은 아파트 한 채를 가질 수가 있었다.

문학의 길도 마찬가지다. 주지하다시피 나는 국어교육과를 졸업하고 국어교사 20년 이상을 하는 동안에도 정식으로 문인이 되지 못했다. 작가의 길은 새로운 작품을 탄생시킬 수 있는 능력을 갖춘 자만이 가는 길이라 믿었다. 감히 도전할 엄두조차 내지 못한 측면도 있지만 통과의례인 등단의 길이 만만치가 않았음이다. 그리하여 문학의 길을 고이 접고 산꾼이나 될까 해서 깊은 산중으로 빠져들었다. 투박한 산속의 돌부리에도 부딪치며 이리저리 헤매고 넘어지는 과정에서 수필가의 부름을 받게 된 것이다. 그때 나이 오십을 넘어서고 있었으니 이 얼마나 야속한 하느님이신가. 한 십년만 더 일찍 시작했어도 좀 더 감동적인 글로 독자들을 만날 수 있으리란 기대를 해볼 때도 있지만 그 모두가 하느님의 깊은 뜻일 것이란 믿음으로 스스로를 위로하고 만다.

딸아이의 임용도 그렇다. 적어도 내가 보기에는 그렇게도 똑똑하고 공부 잘하던 아이가 임용고시에는 수없이도 떨어지고 전공을 바꾸면서까지 몸부림쳐 보았지만 그 벽은 높고도 아득하기만 했다. 서른이 훌쩍 넘어서 이제는 마지막이라고 배수진을 친 다음에야 그 길을 못이기는 척 열어주시는 것이었다. 참으로 고약한 하느님이 아니신가.

생각해보면 모든 삶의 역정이 호락호락하지만은 않았다. 쉽게 이루진 것은 아무것도 없다. 직장을 선택하는 일도, 승진을 꿈꾸는 일도, 나의 의지대로 된 것은 없다. 되고 싶었던 공립학교 교사로 발령까지 받았으나 사립학교에서 평생을 근무한 일이나, 그 직장에서 최선을 다하며 업무에 충실했지만 끝내 정년을 앞두고 퇴직한 일도 그렇다. 목표를 세워두고 그 목표를 향하여 돌진하다가도 그 목표를 이루기 직전에서 거대한 힘의 작용으로 전혀 새로운 길로 선회할 때가 있다. 그런 황당함을 맛보는 것이 인생길이요 하느님의 뜻일지도 모른다. 다시 돌아갈 수 없는 길이고 후회해도 소용없는 일이기에 인생이란 것이 참 허허롭고 쓸쓸한 것이 아닐까 싶다.

  살면서 그 얼마나 많은 좌절감도 맛보았던가. 차마 일어서기 힘들 정도의 아픔과 절망감에서 멍하니 하늘을 쳐다보는 순간도 있었지. 당연히 할 수 있는데, 누구나 다하는 일인데, 그럼에도 오직 나에게만 주어지지 않을 때의 허탈감도 감내해야만 했다. 소중한 사람에게 애절한 염원이 전해지지 않을 때는 스스로의 무능함에 발을 동동 굴렀으며, 무너진 신뢰를 회복하기 위해서 진심으로 가슴조이며 진정성있는 행동변화를 보이려 노력했다. 힘들여 최선을 다했는데 보상은커녕 억울한 누명을 쓰지 않은 것만으로 다행이라 여길 때도 있었다. 순간적으로 분노하며 화가 치밀어 오를 때는 하느님의 섭리를 생각하며 숨죽이고 기다릴 수가 있었던 것은 다행이다. 나의 의지와는 상관도 없이 내가 흘러간다는 사실이 황당하고 믿기지 않을 때도 있지만 어쩌랴. 그것이 오묘한 인생길이라면.

  그런 삶의 길목에서 이런 진실 하나는 얻은 것 같다. 일단 목표를 정해야 한다. 그 목표를 향하여 모든 힘을 다하여 노력해야 한다. 당연히 바라는 성과를 당장에 얻을 수가 없다. 옷깃을 여미고 마음을 정리하여 또다시 시작해야 한다. 몇 번이고 시행착오를 거치면서 말이다. 그래도 큰 인생의 목표를 이루기란 쉽지 않다. 그러한 과정을 수없이 반복한 다음에야 결국은 작은 목표하나 이룰 수 있는 것이다. 이렇게 이룬 결과물일 때 그것은 더욱 값지고 소중하며 진실로 나의 것이 되는 것이 아닐까. 쉽게 얻은 것은 쉽게 잃어버리기 쉽다. 하느님은 아주 작은 것일지라도 절대로 그저 주는 법은 없다. 적어도 나의 경우에는 그랬다.

  지금 이 순간에도 나는 꿈이 있다. 차마 말하기도 부끄러워 그 내용을 밝힐 수는 없지만 고이 품고 살아가려 한다. 문학에 입문한 그 순간부터 간직해온 꿈이기도 하다. 모든 열정을 쏟아 붓는다 해도 그 꿈이 쉽게 이루어지지 않을 것이란 것도 잘 알고 있다. 언젠가는 그 꿈조차 포기하게 될 때쯤, 하느님은 반드시 소망을 들어주실 것이라 믿어본다. 설령 주지 않으신다 해도 그만이다. 꿈을 가지고 산 것만으로도 설레고 행복했으니까 말이다. 그게 그동안 묵상한 나의 하느님이시다.

얼마나 냉정하고 얄미운 분이신가. 그래도 그런 하느님을 나는 사랑한다.

사랑의 힘으로

이 아름다운 5월에 신랑 송○○선생과 신부 이○○여사의 결혼을 진심으로 축하드립니다. 두 분께서는 이미 인생의 원숙기에 접어든 만큼 삶이란 것이 얼마나 복잡 다난한 것이며, 한 번의 선택이 너무나 크고 막중한 책임감을 동반한다는 사실을 뼈저리게 체험했으리라 믿습니다. 그런 의미에서 오늘 두 분의 용기 있는 새 출발에 이 주례는 아주 마음 든든하게 생각하며 힘찬 박수를 보내드립니다.

이 세상을 움직이는 힘은 사랑이라고 했습니다. 그 어떤 물질도, 화려한 문명도 아닌 오직 사랑만이 사람을 움직일 수 있고, 그 사람이 사랑의 힘으로 세상을 돌아가게 한다는 의미라 생각합니다. 따라서 오늘 두 분의 새로운 가정의 출발 역시, 오직 사랑의 결실이라 믿습니다. 사랑에는 그 어떤 조건도, 계산도 있을 수가 없습니다. 그저 믿고 따르고 용서하고 이해하는 것만이 진정한 사랑이라고 저는 확신합니다. 앞으로 두 사람을 영원히 묶는 일 역시, 오직 사랑의 끈 외는 그 어떤 조건도 있을 수가 없습니다. 지금부터 펼쳐질 인생문제 또한, 사랑을 전제로 풀어간다면 힘든 난관도 무난히 헤쳐 나갈 것이라

굳게 믿습니다.

하나만 더 말씀드리겠습니다. 부부는 서로를 소유하는 것이 아닙니다. 동반자의 관계입니다. 각자의 개성과 세계를 존중하고 인정하면서 더불어 살아가는 상생의 커플이라는 의미입니다. 또한 부부는 유토피아의 결과물이 아니라, 매우 유동적이고 고달픈 현실의 여정입니다. 이러한 점 널리 헤아려서 부디 죽음이 두 사람을 갈라놓을 때까지 함께 남은 인생의 길을 걸어가길 바랍니다. 지혜롭고 슬기롭게 삶의 결실을 맺어갈 것을 지켜볼 것입니다.

새롭게 출발하는 새 가정에 건강과 행복과 하느님의 은총이 함께하길 기원합니다. 감사합니다.

그리운 포숙아

　우정, 얼마나 달콤하고 아름다운 단어인가. 너는 없고 나만 존재하는 삭막한 이 시대, 우리들이 얼마나 갈구하고 그리워하는 샘물 같은 언어인가.
　사람은 누구나 좋은 친구사귀기를 바라고, 좋은 친구 가진 사람을 부러워하며, 자식에게까지 좋은 친구와 교류하기를 소망하는 것이다. 더구나 청소년 시절은 부모의 정보다도 친구의 정에 심취하는 경우가 많다. 그들에게는 사랑, 이성이란 말보다 우정, 의리, 영원 하는 단어를 더 멋스럽고 소중하게 생각하는 것이 아닐까.
　한평생 살아가면서 많은 사람들을 만나 정을 나누며 교류한다. 유치원부터 대학까지의 동기동창, 군대에서 만난 전우, 직장동료, 소중한 이웃, 길흉사 때마다 만나서 고락을 같이하는 일가친척. 이뿐만도 아니다. 취미에 따라 만나는 술친구, 바둑친구, 등산친구, 문단친구. 여기다가 각종 이해관계로 만난 계모임까지 이루 헤아릴 수가 없다. 그래서인지 우정에 관계되는 고사성어도 많고 그 사연 또한 절절하다.

수어지교(水魚之交), 문경지교(刎頸之交), 죽마고우(竹馬故友), 막역지우(莫逆之友), 금란지교(金蘭之交), 단금지교(斷金之交), 교칠지교(膠漆之交), 관포지교(管鮑之交)....

수어지교는 유비가 제갈공명을 얻고 관우와 장비를 위로하면서 "내가 제갈공명을 얻은 것은 마치 물고기가 물을 얻은 것과 같다"고 한 말에서 유래되었다. 문경지교는 전국시대 인상여가 염파장군을 두고 한 말에서 생겨났는데, 즉 "생각해 보면 알겠지만 강국인 진나라가 쳐들어오지 않는 것은 염파장군과 내가 버티고 있기 때문일세. 이 두 호랑이가 싸우면 결국 모두 죽게 돼. 그래서 나라의 위기를 생각하고 염파장군을 피하는 거야" 이 말을 전해들은 염파는 부끄러워 몸 둘 바를 몰라 했다. 그날부터 두 사람은 '문경지교'를 맺었다. 금란지교는 『역경』에서, "두 사람이 마음을 하나로 하면 그 날카로움이 쇠를 끊고, 마음을 하나로 하여 말하면 그 향기가 난초와 같다"는 말에서 나온 것이다.

하지만 정을 나누는 벗들 중에서 수어지교나 문경지교, 금란지교를 맺고 있는 사람이 얼마일까. 많은 것을 주고도 아깝지 않은 벗이 몇 명이나 될까. 어쩌면 내 것을 내어주는 대상이 아니라, 그들을 보호막으로 나의 부끄럽고 연약한 모습을 가리는 도구로 사용하는 것은 아닐까. 그래서 상대가 조금만 실수를 하고 틈만 보여도 관용과 용서보다는 흥분하고 헐뜯는 것이 오늘날 이 시대 우정의 현주소는 아닐까. 우정은 결코 자기희생과 배려 없이는 이루어질 수 없다.

이런 점에서 관중과 포숙아의 우정을 상기해보지 않을 수가 없다. '관포지교'(管鮑之交)는 시공을 초월해서 존재하는 우정에 대한 영원한 메시지기 때문이다. 관중은 기원전 춘추시대 초엽 제나라 사람으로 포숙아와 늘 가까이 지내면서도 번번이 포숙아를 속였다.

가난했기 때문에 여유롭게 사는 포숙아를 골려먹고 욕심을 채우는 것이다. 그렇지만 포숙아는 늘 관중의 가난한 처지를 이해하기만 했다. 얼마 후에 포숙은 제나라의 공자(公子) 소백(小白)을 섬기게 되고, 관중은 소백의 형인 규(糾)의 신하가 되었다. 그런데 소백이 아버지의 뒤를 이어 환공(桓公)의 자리에 오르게 되자 경쟁자였던 규는 죽고 그를 섬기던 관중도 감옥에 갇히는 신세가 된다. 이때 포숙아는 환공에게 이런 진언을 올린다.

전하, 제나라만 다스리는 것으로 만족하신다면 신으로도 충분할 것이옵니다. 하오나 천하의 패자가 되시려면 관중을 기용하옵소서. 환공은 포숙아의 진언을 받아들여 관중을 대부(大夫)로 중용하고 정사를 맡겼다. 그 후 환공과 포숙아는 관중의 지혜에 힘입어 천하를 바로 잡을 수가 있었다. 훗날 관중은 포숙아에 대하여 이렇게 술회한다.

나는 젊어서 포숙아와 장사를 할 때 늘 이익금은 내가 더 많이 차지했으나 그는 나를 욕심쟁이라고 말하지 않았다. 내가 가난하다는 걸 알고 있었기 때문이다. 일찍이 나는 포숙아와 사업을 하다 실패하여 다시 궁지에 빠뜨린 일이 있는데 포숙은 나를 용렬하다고 하지 않았다. 시운에 따라 이롭고 이롭지 않음을 알고 있었기 때문이다. 나는 또 세 번 벼슬길에 올랐다가 모두 쫓겨나고 말았는데 포숙은 나를 무능하다고 하지 않았다. 내가 시운을 만나지 못했음을 알았기 때문이다. 일찍이 나는 세 번 싸움터에 나가 도망치고 말았지만 포숙은 나를 겁쟁이라고 하지 않았다. 나에게 늙은 어머니가 계시다는 걸 알고 있었기 때문이다. 공자 규가 패하고 나는 잡혀 욕된 몸이 되었을 때 포숙은 나를 부끄럼을 모르는 자라고 하지 않았다. 내가 작은 일에 부끄러워하지 않고, 공명을 천하에 날리지 못하는 것을 부끄러워하는 줄을 알고 있었기 때문이다. 나를 낳은 이는 부모지만 나를 아는 이는 포숙이다.(生我者 父母 知我者 鮑叔牙)

이 이야기를 통해서 관중의 현명함보다는 포숙아의 무한한 아량과 용서에 감동하지 않을 수가 없다. 우정이란 바로 포숙아와 같이 친구를 포용하고 인내하고 신뢰하는 마음이다. 언제 어떠한 상황에서도 친구에 대한 절대적인 믿음. 바로 그 같은 포숙아의 신뢰에서 관중 역시 모든 것이 승화되지 않을 수 없었을 것이다. 그 결과 나온 세기의 명언이 바로 '나를 낳은 이는 부모요 나를 아는 이는 포숙인 것이다'

예수께서도 "친구를 위하여 목숨을 바치는 것보다도 더 큰 사랑은 없다"고 설파했다. 자기의 이익만을 위하여 상대방을 사귀기도 하고 이용하려는 목적으로 교제를 하다가 그 가치가 없게 되면 헌신짝처럼 버리는 삭막한 일부 현대인들에게는 정말로 별처럼 영롱한 이야기다.

참다운 벗을 사귀는 일이 참으로 쉽지 않다. 우정에서 중요한 것은 결국 상대에 대한 배려와 관용, 신뢰와 자유로움이 아닐까 싶다. 그 중에서도 핵심적인 것은 자유를 인정해주는 것이라 생각한다. 좋은 친구는 나의 빈 가슴을 채워주는 것이 아니라 그 공허감을 존중하며 끝까지 지켜갈 수 있도록 도와주는 사람이다. 고독을 공유해주는 것이 아니라 스스로 고독과 친해지는 힘, 누구에도 기대지 않고 홀로 판단하고 책임지는 능력, 세상을 따스하게 바라볼 수 있는 안목, 그렇게 성장할 수 있도록 도와주는 배려다.

기다리지 못하고 양보와 희생도 없이 오직 자기 목적만을 위하는 사람에게 진정한 벗이란 있을 수 없다. 설령 주위에 많은 사람들이 있는 것처럼 보일지라도 그것은 일시적이요 목적을 위한 것이리라. 외로운 사람, 진정한 친구 사귀기를 원하는 사람은 바로 이 같은 본질적인 문제를 명심해야 될 일이다. 진실로 벗을 위하여 그를 인정하며 진심으로 그의 자유로움을 지켜줄 때 관중과 같은 친구를 만날 수 있으리라.

성숙한 인격은 고독을 스스로 감내하며 세상에 홀로 설 수 있는 품성이다. 그러한 자유로운 영혼들의 만남이야말로 진정한 우정도 이어갈 수 있지 않겠는가.

군 생활과 라면

　라면을 먹는다. 국수만큼은 아니지만 나는 라면도 즐겨먹는 편이다. 라면을 먹을 때 마다 그 젊은 날, 푸른 제복을 입었던 병영시절이 생각난다.
　내가 군대생활을 한 것은 70년대 중반이었으니 그때만 해도 먹을 것이 풍족하지는 않았다. 그러다보니 지금처럼 라면이 대체음식이 아니라 아주 귀한 별식이었던 것이다. 논산훈련소에서 신병훈련을 받을 때는 토요일 점심때 가끔 찐 라면을 배식 받아 국물에 말아 정신없이 먹었다.
　그렇게 6주간의 훈련을 마치고 강원도 춘천 103보충대로 가는 군용열차를 탔다. 한겨울인 2월 중순, 열차가 춘천쯤을 들어설 때는 눈으로 하얗게 덮인 산야에 다시 흰 눈이 펑펑 쏟아지는데 그 사이로 분주하게 움직이는 군인들의 모습을 보며 가슴이 철렁 내려앉던 기억이 생생하다. 저 혹독한 훈련을 내가 해 낼 수 있을까를 생각하니 도저히 자신감이 없었다. 몸은 움츠려지고 불안감은 몰려왔다. 그 많은 동기생들 대부분 후반기교육을 가거나 후방에 주저앉고 힘없는 사람들만 최전방으로 떠난다는 심리적 분위기가 더 문제이기도 했다.

보충대에서 부대배치를 받을 때까지 길게는 1주일간 대기를 해야만 했다. 그때 군인교회 목사님께서는 피고지고 세 번만 하면 집에 돌아갈 수 있으니 너무 걱정하지 말라고 설교를 해 주셨다. 얼마나 험지로 내몰리기에 입대 후 처음으로 따뜻한 위로의 말씀을 해주는가 싶어 도리어 불길함만 가중되었다. 매일 버스가 와서 자대가 결정된 전우들을 싣고 가는데 아스라이 산모퉁이를 굽이굽이 돌아 넘어가곤 했다. 버스는 철책으로 간다는 소문이 나돌았다. 나는 일주일 만에 세 명의 전우와 함께 군용트럭을 타게 되었다.

뒤 덮개로 가린 검은색 트럭은 무작정 달리기만 했다. 도대체 어디로 가고 있는지 말해주는 사람도 없었고 물어볼 엄두도 없었다. 그렇게 몇 시간을 지나 도착한 곳은 강원도 홍천 11사단 사령부였다. 월남전에서 부하의 목숨을 위하여 수류탄을 안고 산화한 소령 강재구를 배출한 사단, 김일성이 11사단이 무서워서 내려오지 못한다는 교육사단이라고 자부심이 대단했다. 그것은 병사들이 근무하기가 그만큼 힘들고 고달프다는 의미였다. 그곳에서 또 며칠을 근무할 예하부대 배치를 기다렸다.

드디어 우리를 데려갈 자대 전령이 왔다. 155밀리 포병부대로 가기 위해서는 홍천 시외버스주차장에서 양덕원행 버스를 타야 한다는 것이다. 차를 기다리는 동안 고향에 전화를 걸 수 있는 시간을 주었다. 입대 후 처음으로 통화할 수 있는 순간이었다. 그때만 해도 머릿골 고향마을에는 이장 댁에 전화 한 대가 있던 시절이었다. 더구나 농번기가 시작되는 초봄이라 통화가 될까 걱정했는데 다행히 어머니와 연결이 되었다. 이제 훈련을 모두 마치고 자대배치를 받아 가니 걱정하지 말라는 내용을 전하며 눈물만 쏟았다.

햇살이 화사하게 내리쬐는 3월 초순, 그렇게 자대 연병장에 도착했다. 번쩍번쩍 빛나는 커다란 대포를 가운데 두고 삼삼오오 모여 훈련을 하고 있던 선임들이 신병이 온다고 일제히 일어나 박수를 치며 환호성을 질렀다. 그들은 얼른 보아도 꾀죄죄하고 새까맣게 그을려 있었다. 본부포대에 도착하여 차리포대로 최종배치를 받았다. 3년을 근무할 곳이 결정되었다.

나는 지휘소대에 소속되었다. 지휘소대는 대포의 다리를 돌리는 전포반을 제외한 모든 병과들이 모여 있는 곳이다. 사격계산, 측지, 통신, 탄약 등 특수병과에 해당되었다. 포탄 하나를 날리기 위해서 모두 필요한 병과들이다. 대포는 그냥 쏘는 게 아니라 목표를 정확하게 포착하여 명중시켜야한다. 그러기 위해서는 적의 위치를 밝히는 최전방 관측병이 필요하고 그에 따라 좌표계산을 하여 모든 병과들이 일사불란하게 하나처럼 움직여야한다. 그게 조직의 원리이고 힘이란 걸 그때 배웠다. 대포는 결코 전포반의 전유물이 아니었다. 포병은 가장 인원이 많기는 하지만 손발에 불과할 뿐이었다. 나의 주특기는 교환병이었지만 전봇대 오르내리기, 방차통 메고 달리기, 통신선 가설하기, 교환소 만들기 등 유선병의 임무를 수행했다.

군 생활은 젊음의 힘을 모두 소진할 만큼 벅찼다. 여력이 조금도 남지 않았다. 기본 교육외에도 여름이면 위장 풀 뜯는 작업을 해야 했고, 가을이면 월동준비를 위한 화목작업, 겨울에는 혹한기 훈련이 기다리고 있었다. 초봄에는 한미합동 팀스프리트 훈련을 실시했다. 그런 힘겨운 과정에서도 따뜻한 전우애와 낭만이 존재했음은 물론이다. 그 낭만의 핵심이 라면을 먹는 일이었다면 웃을지도 모르겠으나 사실이었다. 겨울 빼치카의 반합에 끓여낸 라면이나 혹한기 훈련장 텐트 속의 난로에서 먹는 라면은 그 어떤 것에도 비유할 수 없을 만큼의 절대적인 맛이었다. 하지만 병사들이 라면을 마음대로 먹을 수는 없었다. 공식 급식 외 졸병이 부대에서 라면을 먹을 수 있는 기회는 두 가지 경우였다.

아파서 환자로 인정될 경우에는 분대원이 라면을 끓여주었다. 얼마나 먹고 싶었으면 나이롱환자 흉내의 유혹을 몇 번이나 물리치기도 했다. 한겨울 훈련을 나가면 텐트 속 불침번 시간에 먹을 수 있도록 한 봉지씩 지급이 되는데, 선임병 몫으로 나온 라면을 졸병이 먹는 대신 불침번을 서 주어야 한다. 그러니까 라면 하나와 잠 한 시간을 바꾸는 셈이다. 그럼에도 졸병들은 다투어 잠을 포기하고 고참들의 라면을 선택하는 것이 관례였다.

밖에는 영하의 날씨에서 흰 눈이 펑펑 쏟아지는데 텐트 속 난로의 반합에 라면이 끓는 그 풍경과 맛은 어디에 비할 수가 없을 만큼 낭만적이기도 했다. 내일 훈련이나 보초시간에 졸음 걱정은 내일의 문제일 뿐이었다.

그런 애환 속에서도 시간은 흘러 전역을 하고 예비군이 되었다. 지금도 라면을 보면 까마득한 그 옛날의 추억이 생각나는 것은 인지상정일 것이다. 벌써 40년 저쪽의 세월이다. 그 시간의 추억과 영상들이 이렇게도 선명한 것은 젊음이라는 인생의 가장 중요한 시기였기 때문이었을까. 아니면 가장 긴장되고 강도 높게 보낸 체험 때문일까. 젊은 한때 아무리 힘든 고통일지라도 인생전체에서 보면 소중한 경험이 되고 역경을 헤치는 자산이 되는가 싶다. 지금도 가끔은 입영통지서를 받는 꿈을 꾸니 말이다.

  그 옛날 전우들은 지금 무엇을 하며 어떻게 지내고 있을까. 한없이도 괴롭히기만 하던 선임병들. 함께 고생하며 식기 닦기 경쟁을 벌이던 동기들. 그들도 라면 하나 끓여놓고 그 옛날 푸른 제복의 병영생활을 그리워하고 있을까.

병상일기

오른쪽 눈에 문제가 생겼다고 한다. 3월 신학기 개강을 하고 불과 한 주 수업을 했는데 수술을 해야 한다니 마음이 무겁다. 시기를 늦추면 실명의 위기를 맞는다는 데야 어떤 선택의 여지도 있을 수가 없다. 눈동자 뒷부분의 시신경이 있는 '황반'에 이상이 생겨, 각막이 주틈시고 백내장까지 문제가 된다는 것이다. 전신마취를 해야 하기 때문에 일주일 전후를 예정기간으로 입원수속을 밟았다.

한평생 사는 일이 참으로 만만치가 않구나. 어느 날부터인가 몸에 조금씩 탈이 생겨 혈압약도 먹고 치과 정기치료도 받으며 병원신세를 지고 있는데, 이제는 시력까지 한계가 오고 만 것이다. 수술과 진료를 통하여 회복할 수만 있다면 기적일 수도 있다는 생각에 통 큰 용기를 내지 않을 수가 없었다. 이틀에 걸친 정밀검사를 받은 후, 일요일 아침에 입원을 한다.

대학병원의 일요일은 외부의 문이 굳게 닫힌 것과는 달리 분주하게 움직이고 있었다. 7103호 병실을 지정받고 환의를 입자마자 수술을 위한 검사는 다시 시작된다. 정밀기계로 눈동자 부위의 사진을 찍고 또

찍는다. 그것도 몇 분의 의사들이 돌아가며 검사를 하는 것이다.

저녁식사를 마친 후, 이제는 끝이 났는가 싶어 잠깐 휴식을 취하려는데 다시 또 불러낸다. 내일 수술을 집도할 교수님께서 눈의 상태를 한 번 더 확인하려고 일부러 나오셨단다. 찬찬히 수술부위를 점검하시고는 약식이 아니라 원인을 완전히 제거하는 큰 수술을 하겠다는 결론을 내리신다. 이상하게도 불안감이 사라지며 마음이 편해진다. 주치의에 대한 신뢰감과 병원의 시스템에 대한 믿음 때문이었으리라.

이튿날 아침, 드디어 수술시간이 다가오고 있다. 난생 처음해보는 경험이라 마음 편할 리가 없다. 11시, 침대에 누워 수술실로 들어간다. 정신을 바짝 차려야겠다고 다짐하지만 불안하다. 깨어나지 못할지도 모르지 않는가.

"이름이 무엇입니까"
"백남오 입니다"
"어디에 삽니까"
"마산에 삽니다"

끝이다.

"지금 시간은 오후 2시입니다"

한숨 잤는가 싶었는데, 세시간이 지났다는 말이 아닌가. 두려웠던 마음도 잠시, 모든 상황이 끝난 후였다. 눈동자 세군데 구멍을 뚫고 가스를 주입하는 '유리체절제술'이라는 정밀하고도 위험한 시술법을 적용했다고 한다. 안과로서는 큰 수술이라는데 아무 기억도 없다.

 죽음이라는 것도 이같이 죽기 전에 무서움과 불안감이 있을 뿐이지, 죽고 나면 아무것도 아닐 것이란 생각이 든다. 그렇게 첫날은 몇 년 전 갑상선 수술을 받은 아내와 함께 밤을 보낸다.

 다음날부터 입원기간 일주일은 철저한 관리와 치료가 필요함은 상식이다. 항생제 주사와 안약은 기본이지만 의료진들의 아침저녁 정밀검사로 수술의 결과를 체크해 나간다. 눈 뒤쪽에 주입한 가스가 다 빠져나가려면 4-5주가 걸린다고 하니 그때까지는 불편하더라도 참고 각별한 주의를 해야 한단다.

 입원 3일째, 병실의 창문 너머로 봄비가 종일토록 촉촉이 내린다. 빗줄기를 바라보며 수많은 생각들로 상상의 나래를 펼친다. 육체가 병들어 죽는 것은 순리이나 멀쩡한 신체에 눈 하나 보이지 않아 아무 일도 할 수 없다면 얼마나 황망하겠는가. 정말 큰일이 아닌가. '몸이 천 냥이면 눈이 구백 냥'이라는 말이 새삼스럽게 다가온다. 평생토록 안경을 써온 것도 서러운데, 이번 수술이 잘 되어서 마음대로 읽고 쓸 수 있는 새로운 날이 오기를 간절한 마음으로 소망해 본다.

 하지만 나는 안다. 그것은 지극히 개인적인 소망이라는 사실을. 마음과는 달리 시력은 더 이상 회복되지 못할 것이고, 시간이 흐를수록 지금 먹고 있는 약보다 더 많은 양의 약을 먹게 될 것이고, 정형외과 이비인후과 비뇨기과 등 진료범위도 계속 확대되어갈 것이다. 그렇게 늙어가며 기력을 잃어가고 결국은 쓸쓸히 죽음을 맞이하리라. 하지만 어찌하랴. 그게 모든 살아있는 생명체가 받아들여야할 필연인 것을. 그런 의미에서 '지금 이 순간이 내 생에서 가장 젊은 날'이라는 말은 매우 시사적이다.

  친구가 다녀갔다. 쌓아온 지난 세월이 서러워 울컥 목이 멘다. '수필창작교실' 문우들도 문병을 왔다. 또 다음날은 교양학부 교수님들이 오셨다. '병문안을 가야 되지 않느냐'는 전화도 받는다. 이래저래 마음이 복잡하기만 하다. 본질 외적인 일에 연연하고 있는 자신이 얼마나 나약해져 있는가 하는 사실에 가슴이 뭉클 내려앉는다. 나도 이제 분명 나이가 들었음은 숨길 수 없구나.

  대학병원 진료실에는 언제나 사람으로 붐빈다. 저 많은 사람들을 어떻게 관리를 할까. 모두 짐짝 취급을 하는 것은 아닌지 의구심을 가질 때가 많지만 그것은 기우다. 겉보기와는 달리 아주 치밀하게 시스템으로 움직인다. 많은 부서와 의료진들이 연결되어 환자를 관리를 한다. 며칠만 진료를 받아본다면 알 수 있다.

  일주일 만에 퇴원을 한다. 치료가 끝나고 시력이 돌아온 것도 아니다. 지속적으로 진료를 받고 투약을 해야 한다. 하지만 희망을 잃지 않는다. 5주 후에는 가스가 모두 빠져나가 안대를 벗을 수 있을 것이고, 2개월 후에는 시력이 돌아와 새로운 안경을 맞춰 쓸 수 있음을.

  그리하여 나의 창작시간을 기다리는 문우들이 있는 강의실을 활짝 웃으며 들어서게 되리라고.

일신우일신

일신우일신(日新又日新), '날이 갈수록 새로워진다'는 뜻이다. 이 구절은 중고등학교 국어시간에도 심심찮게 들어온 익숙한 말이다. 하지만 인생을 살아갈수록 이 말의 의미가 간단치가 않고 심오해지는 요즘이다. 한세상 사는 일이 그렇게 호락호락 않다는 강렬한 메시지로 전해져 온다.

하루하루가 새로워져야 한다고 할 때, 그 하루는 어느 시기의 하루일까. 인생의 가장 중요한 하루는 언제일까. 유년기일까, 학창시절, 돈을 버는 시기, 아님 은퇴 후의 시간일까. 소중한 시기에 특별히 새로워져야만 하는 것은 아닐까. 생각해보면 그 특별한 하루는 어느 한 시절의 기간이 아니라는 생각이 든다. 그 하루는 살아 있는 모든 날일 것이다. 죽는 날까지 하루하루 새로워져야만 한다는 의미가 아니겠는가. 그래야 살아있는 날까지 새로운 인생을 살 수 있다는 말일게다.

가령, 여기 한 처녀가 있다고 치자. 그녀가 삶이 힘들 때 흔히 하는 말, '시집이나 가버리지 뭐'이다. 마치 시집을 가면 모든 문제가 다

해결될 것처럼. 과연 그럴까. 결혼을 하면 임신을 하게 되고 배가 부르면 더 힘이 든다. 또 하는 말, '언제 이 아이가 배속에서 나올까'다. 아이를 낳으면 해결될까. 그것은 새로운 고난의 시작일 뿐이다. 자식은 성장하면 할수록 시기에 따라 넘어야할 태산 같은 발달과업들이 줄을 이어 기다리고 있다. 그 과업들은 갈수록 어려워지는 것이 보편적 현상이다. 결혼까지 시키고서도 걱정을 놓지 못하는 것이 부모의 마음이고 역할이라고 보면 된다.

인생의 매사는 그런 식으로 나날이 난관이 이어지고, 이를 해결하기 위해서는 단 하루도 소홀하지 않고 최선을 다해야만 될 것이다. 그래야 어려움을 극복하고 하루하루 절망하지 않고 새롭게 살아갈 수 있는 능력이 생기지 않겠는가.

일신우일신,『대학』전(傳) 2장에 나오는 이 말은 은나라를 창건한 탕임금이 자신의 대야에 '구일신(苟日新) 일일신(日日新) 우일신(又日新)' 아홉 글자를 새겨놓고 세수를 할 때마다 마주하며 자신을 씻는 것처럼 정치 또한 깨끗하고 참되게 할 것을 다짐한 데서 유래된 말이다. 이는 진실로 새로운 삶을 살려면, 이미 새로워진 것을 바탕으로 안주하지 않고, 나날이 새롭게 하고, 그것이 잠시라도 중단되는 일이 없어야 한다는 것이다. 단 하루도 멈추지 않고 새로움을 추구하는 일이란 얼마나 치열하고 창의적인 삶이겠는가.

나는 직장생활을 할 때 가장 많은 힘을 쏟아 부었다. 그 시기는 오직 직장일만 생각했다. 그 세계에서 인정받고, 승진하고, 그렇게 퇴임을 하면 모든 삶이 보장되는 줄 알았다. 직장이 인생의 전부인 줄 알았기에 오직 앞만 보고 충성으로 일관했다. 직장상사가 시키는 일이라면 정, 불의를 판단할 여지도 없이 일방적으로 추종하고 따라갔다. 그것은 또한 운명적인 것이라 생각했다. 상사의 눈 밖에 나서 불이익을 당하는 것이 두려울 뿐이었다. 그 이후의 생활이 존재하리라고는 생각지도 못했다. 직장생활만 계속될 것이라 착각을 한 것이다.

하지만 흐르는 세월 속에 한 인간의 의지라는 것은 가을을 맞이한 낙엽처럼 쓸쓸하고 퇴색되는 것이 아니겠는가. 그렇게 대책 없이 퇴직의 날을 맞이했고, 은퇴 후에 이어지는 하루하루는 퇴직 전의 하루와 조금도 다를 바가 없었다. 아침이면 어김없이 해가 뜨고 저녁이 되어서야 태양은 서산으로 넘어갔다. 하루 24시간은 한 치의 오차도 없이 그렇게 공평하게 주어졌고 보내야만 했다.

그 하루를 맞이하고 넘기는 일은 어쩌면 직장생활을 할 때가 더 쉬웠다는 것을 알게 된다. 퇴직 후의 하루를 보내기가 훨씬 더 어렵다는 말이다. 나에게 주어진 하루, 태어나는 날부터 죽는 날까지 그 하루의 비중은 똑 같다는 진리를 이제야 깨닫게 된다. 그 어떤 하루도 의미 없는 날은 없다. 성장기는 성장기대로 젊은 날은 젊음대로 노년은 노년이어서 중요하고 특별하다. 그러니 퇴직을 했다고, 나이가 들었다고, 희망을 포기해서는 안 된다. 어떤 상황에서도 꿈을 포기할 수는 없다. 죽음만이 꿈꾸게 하지 않고 새롭게 하지 못할 뿐이다.

주어진 생의 그 하루하루를 새롭고 창조적으로 보내기 위해서는 결국 '일신우일신'하지 않을 수가 없다. 하루하루가 새로워지는 삶 말이다. 그 새로워지는 방법을 지금부터라도 배우지 않으면 안 된다. 죽음이 부르는 그날까지 설렘을 품고 가야만 한다. 그것이 살아 있는 자가 해야 될 절대적 과업이다. 매일매일 새로워지고 특별해야 함은 삶의 가장 구체적인 진리다.

벌초

조상님 산소에 벌초를 하고 나니 마음이 개운하다. 지난 일요일, 벌초하는 날에는 공교롭게도 중요한 일정들이 겹쳤지만 모두 포기하고 벌초를 최우선 순위에 올렸다. 물론 집안 종중회장이라는 중압감도 영향을 미쳤다.

오랜만에 형제들과 일가친척을 만나 밀렸던 얘기와 회포를 푸는 일도 벌초만큼 뜻이 깊다. 지난해까지만 해도 건강하게 오셔서 집안대소사를 지휘하던 삼종형님께서는 그 사이에 저 세상 사람이 되고 말았다. 세월 앞에 인생의 덧없음을 생각하게도 된다.

그런데 지금 나는 온몸이 상처투성이가 되어있다. 가려워서 옷을 벗어보니 왼쪽 팔뚝과 겨드랑이 밑으로 짙붉은 반점이 꽃처럼 피었다. 촘촘히 박혀있기도 하고 이리저리 떼를 지어 어지럽게 줄을 서 있다. 징그럽고 흉측스러워 스스로도 눈살이 찌푸려진다. 벌레한테 물렸는지 풀독이 오른 것인지 엄청 아프고 가렵다.

피부가 약한 나로서는 해마다 겪는 일이기도 하지만 올해는 유례없는 폭염 때문인지 더욱 심하다. 연고 몇 번 바르면 아물 것이라 생각하고 약국에 들러 젊은 약사에게 상처부위를 보여주었더니 깜짝 놀라 입을 가리며 빨리 피부과에 가보라고 서둘러 밀쳐낸다.

벌초 후에는 언제나 이러한 후유증에 시달린다. 어떤 때는 발목이 삐어 몇 달간 절룩거리기도 하고 또 어느 해는 사람들이 많이 모이지 않아, 참석자들만 똑 같은 양의 풀을 베다보니 완전히 녹초가 되기도 한다. 때로는 논공행상의 다툼으로 가까운 사람으로부터 마음의 상처를 입고 수개월 동안 힘들어 허우적거린 적도 있다.

산소의 위치만 좋다면 벌초대행사라도 불러 해결하면 될 테지만 내 조상님의 경우는 어림도 없는 소리다. 깊은 산중에 위치해 가는 길이 정말 난해하다. 낭떠러지 구간을 지나기도 하고 어떤 곳은 20리 이상의 산악행군을 해야만 한다. 그나마 앞이라도 빤히 보이면 다행이지만 길은 만들어가야 한다. 해마다 심하게 번져나가는 잡목들과 넝쿨 등으로 지형이 바뀌어 산소 찾기조차 힘들다. 심지어 남의 조상 산소를 돌보고 온 적도 있다.

그래도 아버지께서는 고향을 지키시며 평생을 혼자서 길을 내고 벌초를 하셨다. 그러기에 우리도 인내하며 묵묵히 부모님 뒤를 따라 여기까지 온 것이다. 이제 특단의 조치를 내놓을 때가 온 것이라 생각한다. 나도 이제 환갑 진갑을 다 넘기고 나니 체력이 옛날 같지만 않다. 지금까지도 동생들을 의탁한 것이지 나 스스로 한 것은 아니지 않은가.

멋지게 예초기로 풀베기 시범을 보이고 싶지만 마음뿐이다. 낫질은 서툴러 도대체 진도가 나가지를 않는다. 벌초철만 되면 농부가 되지 못한 것이 후회스러울 정도다. 그렇다. 이쯤 되면 새로운 대안을 내놓아야 한다. 그렇잖아도 사람이 예초기에 다쳤다는 소식도 있고,

말벌에 쏘여 죽었다는 기사도 심심찮게 본다. 잘 살아보자고 조상도 돌보는 것인데 만약에 사고라도 당하게 된다면 그 모두가 허망한 일이 아닌가.

그 대안이란 무엇일까. 나름대로 오래 생각해본 결과 결론은 하나다. 자연으로 돌려보내 드리는 것이 가장 좋지 않을까 싶다. 어떤 사람은 무덤을 파서 다시 화장을 하여 그 뼛가루를 뿌려야 한다지만 그렇게 생각하지는 않는다. 그냥 벌초를 하지 않으면 되는 것이리라. 그러면 자연스럽게 자연으로 돌아가는 것이 아닌가. 바로 실행에 옮기는 것이 중요하다. 멀리 국사봉 정상 밑에 있는 증조모님 산소부터 실천하고자 한다. 마지막 벌초를 하는 날, 제물을 정성스럽게 차려 놓고 3배를 올리며 이렇게 고한다.

사랑하는 할머니. 이제 벌초는 올해로 마지막입니다. 내년부터는 오지 않습니다. 길이 묵고 위험해 오지를 못합니다. 그러니 기다리지 마십시오. 이제 저희는 마음속에 할머니를 묻고자 합니다. 육신은 자연으로 돌아가시고 영혼은 천국에서 자유로우시길 간절히 기원 드립니다. 하느님과 천지신명이시여, 불쌍한 저희 할머니 밀양박씨의 영혼을 돌보시어 영생을 누리게 해 주십시오. 안녕히 계십시오.

그렇게 할머니를 보내드렸다. 벌초 철이면 가장 스트레스 받던 산소 한 기를 해결했다는 의미도 된다. 그래도 내가 돌보아야 할 무덤이 아직도 여덟 기나 남아있다. 이 역시 하다가 힘이 부치면 한 분 한 분씩 자연으로 보내드릴 예정이다. 그러면 그만이다. 이런 나를 두고 불초 후레자식이라고 손가락질한다 해도 어쩔 수 없다.

머지않아 나도 자연으로 돌아가야 할 존재가 아닌가. 벌초 때문에 이렇게 힘들어 하는데 사후에까지 벌초하는 일로 후손들에게 부담을 주어서는 안 될 것이다. 논리에도 상식에도 맞지 않는 일이다. 그게 물론 나의 뜻 대로 될 일은 아니겠지만 고민해온 바는 있다. 그렇다고 명확한 결론을 내릴 수 있는 문제는 아닌 것 같다.

내 죽으면 화장을 하여 유골은 태어나 자라고 부모님이 계시는 고향땅 머릿골에 가는 것이 순리가 아닐까 생각하는 정도까지다. 진등재를 바라보며 유년의 꿈을 키우고 초등학교를 오가던 길가 언덕에 묻혀 영면을 누리는 상상을 가끔 해볼 때도 있다. 무덤은 없고 백아무개라는 작은 표지석 하나 쓸쓸히 세워져 있는 풍경까지 말이다.

아님, 내 젊음을 다한 지리산 푸른 산하 그 어느 곳이든 훨훨 흩뿌려진들 또 어떠랴. 모든 것은 산자의 몫이 아니겠는가.

서정이, 성현이에게

　서정아, 네가 다섯 살 때쯤 늦가을 어둠이 몰려올 무렵이던가. 너와 나눈 대화 한 토막을 나는 생생하게 기억하고 있다.
　"할아버지, 제 집에서 자고 가세요"
　"왜 서정아, 할아버지는 할아버지 집에 가야지"
　"날이 어두워요. 할아버지 혼자 심심하잖아요"
　"……………"
　낙엽이 우수수 떨어지는 을씨년스러운 날, 네 엄마와 백화점 식당에서 저녁식사를 하고 헤어지려는데 느닷없이 나눈 대화다. 순간적으로 '멍'하여 말을 이을 수가 없었다. 다섯 살짜리가 맞나 싶어서였지. 너의 할머니는 직장관계로 부산에 머무는 날이 많아, 혼자 마산 집에 있을 때였다. 처음에는 할아버지란 발음이 어려워 "아 지, 아 지" 할 때가 엊그제였는데 어느새 이렇게 능수능란하게 말을 배우고 생각을 키워 감동을 주다니. 깜짝 놀라며 울컥했지.
　집안일 전부를 꿰뚫지 않고서야 어찌 그런 말을 할 수가 있었겠니. 나는 너를 꼭 안고 "서정아, 네가 나를 이렇게 위로를 해 주다니, 고마워.

너는 오늘 평생 할아버지에게 할 수 있는 모든 효도는 다했다. 정말 장하다. 우리 서정이, 사랑해"라며 너의 등을 토닥거렸단다.

일곱 살 여름에는 엄마와 떨어져 부산할머니 집에 가서 여덟 밤이나 자고 와서는 또 고모가 보고 싶다며 3일 아침저녁으로 훌쩍훌쩍 울었지. 며칠 밤만 자면 온다고 달랬지만, "나도 울고 싶지 않은데 자꾸만 눈물이 나요"라며 마음 아프게 한 적도 있었단다. 서정아, 너는 그 만큼 정이 넘치는 따뜻함까지 가지고 있어. 그런 부분이 얼마나 마음 짠한지 몰라.

성현아, 너는 이 할아버지와 띠 동갑이라는 사실을 아니. 나도 말띠, 너도 말띠란 의미다. 네 아버지를 사이에 두고 30년 이란 시간의 분배를 똑같이 하고 있으니 참 묘한 인연이란 생각이 드는구나. 네가 태어나던 날, 제일 먼저 달려간 곳이 작명소였다. 이름은 이미 정해 두었지만 전문가에게 확인을 받고 싶었단다. 첫 글자 '밝을 성'(晟)자를 뽑아내는데 온힘을 다했지. 사주와 획수를 조화롭게 맞추어야 한다니 말이다. 마지막 '삼공의 지위 현'(鉉)자는 대를 잘 이어가라는 의미에서 집안 돌림을 그대로 쓰기로 한 거다.

네 아빠와 고모는 그냥 할아버지 판단만으로 이름을 지어주었지만 너의 누나와 너는 그럴 수가 없었던 거지. 더 값지고 좋은 이름으로 군계일학이 되게 하고 싶은 희망 때문이었지. 그렇게 온 정성과 사랑을 다하여 지은 이름이니 이제는 너희들이 스스로 그 이름을 빛내주길 바랄 뿐이다.

성현이가 겨우 말을 배우던 세 살 무렵이었지 싶다. "성현이는 누구 닮았지" 이렇게 물으면 "하아- 부-지- 다-마-서" 라며 또박또박 의견을 밝혔단다. 그렇게 감동을 주고 재롱을 피우며 가족들의 사랑 속에서

티 없이 자란 것을 너는 기억할 수가 없겠지만, 네 속에는 모두 잠재해 있을 것이라 믿는다. 할아버지와 할머니는 너희가 태어난 이후는 삶의 패턴까지도 바뀌었다. 삶의 중심이 모두 너희에게로 옮겨간 거지. 나의 손자로 태어나준 것만으로 그렇게 고맙고 감사했으니 말이다. 그러니 살면서 때로는 힘든 날이 있을지라도 네가 얼마나 존귀한 존재인가를 생각하며 반드시 극복해 가야 할 것이다.

앞으로 너희가 살아가야 할 세상이 그렇게 만만치 않을 것임을 잘 알고 있다. 폭염, 폭설, 폭우, 혹한, 홍수, 태풍, 가뭄, 지진 등의 자연재해는 더욱 심각해질 것이고, 양극화의 현실로 인한 사람들의 분열과 갈등도 극에 달할 것이다. 전자매체의 혁명적인 발달로 인간의 자리를 침투하는 로봇 등 복잡 난해한 쟁점들이 인류의 삶에 절대적인 영향을 미칠 것이라 생각한다. 그러한 시대의 삶이 결코 만만치 않으리라. 예측하고 준비하여 슬기롭게 헤쳐 나가기 바란다. 나는 너희들이 무엇을 전공하고, 무슨 일을 직업으로 선택하든 조건 없이 인정하고 지지할 것이다. 혈육에 대한 맹목적인 믿음이라 해도 달리 할 말은 없다. 다만 가장 좋아하고 잘할 수 있는 일을 했으면 좋겠다.

무엇보다도 스스로 일어설 수 있는 힘을 기르는 일이 중요하다. 홀로서기를 해야 한다. 남이 도와주는 것에는 반드시 한계가 온다. 지리산을 다니는 일도, 글을 쓰는 일도, 우뚝 서려면 스스로의 능력으로 일어서야만 한다. 남에게 도움을 받게 되면 그 남을 앞설 수는 없다. 그를 딛고 일어서지 못한다면 결국 그의 그늘에 가려서 빛을 볼 수가 없게 된다. 적어도 한 분야에서 최고가 될 수는 없다.

내가 지리산에 처음 입문할 때는 스스로 간 것이 아니라 남을 따라만 다녔다. 남이 운전하는 차에 앉아, 남이 가는 길을 따라 그냥 다니기만 했다. 그래가지고서는 그 넓은 지리산을 도저히 답파할 수가 없었다. 결국, 내가 운전을 배우고 스스로 차를 몰아야 했고, 지형을 숙지하여 혼자서 동서남북 가고 싶은 곳을 직접 가보아야만 했다. 그래야 독자적인 영역이 나오고 나만의 공간과 세계가 만들어지더라.

문학도 마찬가지다. 처음에는 누군가의 인도가 필요하다. 등단지, 발표지면, 평론가와의 인연, 출판사까지 도움을 받을 수밖에 없다. 계속 남에게 의존만 한다면 평생 남을 뛰어 넘기는 어렵다. 홀로 서야 한다. 스스로 발표지면을 만들고, 독자적인 작품세계를 구축할 수 있는 문인이 되는 것이 중요하다. 세상의 이치가 모두 그러하지 않겠는가 싶다.

하고자 하는 의지만 있다면 어떤 소망이든 반드시 이룰 수가 있다. 희망을 끝까지 포기하지 마라. 인생의 승패는 다 살고 난 다음에 결정되는 것이다. 그럼에도 한세상 사는 일이 그리 호락호락하지 않다는 사실을 명심 또 명심하길 바란다.

나는 할아버지 얼굴을 본적이 없다. 40대 초반이란 젊은 나이에 돌아가셨고, 섬세하고 여성적이었다는 말만 얼핏 들었을 뿐이다. 나이가 들면서 때로는 할아버지가 그리워 가슴이 미어질 때도 있었지만 만남은 이룰 수 없는 꿈이었지. 가끔은 산소를 찾아 삶의 중요한 화두를 말씀드릴 수 있음이 유일한 위안이었다. 나는 너희들이 자라는 모습을 이렇게 바라볼 수 있는 것만으로 얼마나 과분하고 행복한 일인가 싶다.

주어진 시간만을 살다가는 인생이기에 이제 얼마나 더 너희를 바라보며 살 수 있을 지는 모를 일이다. 앞으로 성인이 되고 삶에도 여유가 생기면 주변도 좀 살폈으면 한다. 부모형제끼리야 말할 것도 없지만, 온 정성으로 사랑해준 네 고모를 잊어서는 안 된다. 일가친척, 이웃들의 삶에도 관심을 가져야 한다. 약자들과 소외된 이들의 아픔까지도 돌아 볼 수 있다면 더 이상 바랄 것은 없다. 그래야 우리 사회가 조금씩이나마 성숙하고 발전해가지 않겠니.

    서정아, 성현아. 아무리 불러도 자꾸만 부르고 싶다. 할 말은 저 하늘의 별만큼이나 무수하지만 이쯤에서 접고 가슴속에 묻으려 한다. 이미 한 말만으로도 너무 많은 말을 했지 싶다. 이 작은 글 한 편 새겨둘 수 있는 것만으로도 큰 위안이구나. 나는 여기까지다. 무지무지 사랑해.

작품해설

산과 사람, 그리고 섭리를 향한 외경과 환대

김문주(문학평론가, 영남대 국문학과 교수)

1.

　인간의 종차(種差)와 관련해서는 많은 특징들을 거론할 수 있겠지만, 언어를 제외하고 인간의 정체성(Identity)에 관해 말하는 것은 사실 불가능한 일이다. 언어는 인간의 주요 자질들을 가능하게 하는 매개이자 그러한 자질들을 확인할 수 있게 하는 최종 심급이다. 인간은 언어를 통해 인간이 되고 언어로서 자신의 높이와 깊이를 구성한다.
　문학이 인간의 심금을 보여주는 가장 중요한 지대라는 사실은, 문학 언어가 인간 사유의 폭과 깊이를 다양한 형태로서 수렴할 뿐만 아니라 그것의 육체 속에 인간 존재가 깃들고 구성되며 성장해가기 때문일 것이다. 문학 속에 다양한 장르가 있다는 것, 아울러 이 장르적 관성을 넘어서고 해체하려는 힘 역시 문학언어의 중요한 본성이라는 것은 문학이 인간 존재를 반영하는 매우 적실한 그릇임을 웅변한다. 그러한 점에서 문학 장르는 인간 존재의 본성을, 혹은 그 다면적 속성을, 그리하여 그 전체로서 그려지는 인간을 생각하게 한다.

우리는 시라는 장르에서 인간 속에 잠재해 있는 시적인 본성을 확인하게 된다. '시'가 아니면 안 되는 어떤 표현의 욕망이 있다는 것은 그러한 표현 속에서 비로소 드러나는 인간 존재의 어떤 지점이 있음을 의미하며, 이는 시를 쓰고 읽는 욕망이나 행위와 인간의 아이덴티티가 관련되어 있음을 시사한다. 서사 장르의 유구함은 인간 속에 잠복되어 있는 이야기의 욕망이 얼마나 근본적인가를 알려준다. 인간은 이야기를 통해 이 세계를 구성하고 이해하며 욕망하는 자이다. 이야기를 만들어내고 들어야 하는 존재, 인간의 정체성은 서사적 욕망과 분리하여 생각할 수 없다. 오늘날 우리가 향유하는 문학 장르들은 제도적 성격 이전에 인간을 구성하는 존재 속성의 산물이다. 시와 소설은 인간을 구성하는 시적인 속성과 서사적 욕망의 현실태들인 셈이다.

이러한 관점에서 수필을 생각해보면, 수필은 글의 가장 오랜 뿌리에 닿아 있다. 어떤 정념(情念)에 구체적인 형태를 부여하고 말을 표기 형태로 남기고자 하는 인간의 욕망은 글쓰기의 역사적 기원을 이루는 내면이다. 물론 오늘날 우리가 향유하는 수필은 세계의 주체로서 자신을 정초(定礎)하고 사유로서 세계의 중심이 된 근대적 개인의 산물이지만, 여전히 수필을 떠받치는 중요한 동력은 존재의 경험을 진술하게 기술하려는 경험적 자아이다. 수필은 시나 소설 등 장르적 규율이 보다 완강한 형태와 달리 자신의 경험내면에 대한 가공의 욕망이 훨씬 약한 글쓰기이다. 그것은 글쓰기의 가장 오래된 유전자가 이 장르의 육체 속에 기입되어 있음을 시사한다.

교육운동가이자 우리말글쓰기를 오랫동안 연구했던 덕산(德山) 이오덕 선생은 한 인터뷰에서 "글은 말을 전달하는 수단이라는 점에서 말을 우선하는 것이 중요합니다. 따라서 좋은 글이란 자신이 갖고 있는 속내가 고스란히 담긴 말을 그대로 글로 옮기는 거지요. 차라리 책을 읽지 않고 살아가는 삶을 군더더기 없이 솔직하게 쓰는 것이 가장 좋은 글이라고 생각합니다. 사람이 사는 것이 사람과 자연과 부딪치고 그 속에서 땀 흘리고 생각하고 뭔가 깨닫고 하는 것일진대, 모든 것의 뿌리는 바로 거기에 있습니다. 그러므로 그 뿌리를 솔직하게 드러내는 글이 제 맛을 내지요." 이렇게 진술한바 있다. 선생에 따르면 글은 말의 종적 수단이라는 것, 따라서 좋은 글은 삶의 경험 내용과 속내를 솔직하게 드러내는 것이어야 한다. 이러한 관점에서 그는 수필을 좋은 글쓰기 장르라고 강조한다. "있는 그대로를 드러내는 것이 수필인데, 수필에는 삶이 있고 살아있는 말이 있지요."

2.

2004년 『서성시학』으로 등단하여 『지리산 황금능선의 봄』(2009), 『지리산 빗점골의 가을』(2012), 『지리산 세석고원의 여름』(2015) 등 세 권의 수필집을 상재한 바 있는 백남오 선생의 네 번째 책 『지리산 종석대의 종소리』는 그의 지리산시기를 마무리하는 수필집이다. 20여 년간 200여회의 지리산 탐방 체험을 바탕으로 작가로서의 여정을 시작한 그는 등단 이후 3년마다 간행하고 있는 수필집을 통해 산행 수필의 향취와 가능성을 펼쳐보여 주고 있다. 그가 수필을 통해 보여준 지리산에 대한 애정과 헌사는 가히 유래 없는 것이었으며, 그의 글은 산행 수필이라는 장르를 안착시키는 중요한 도정(道程)이었다. 지리산과 지리산행을 바탕으로 한 그의 글쓰기는 작가 본인에게는 삶의 애환을 넘어서고 새로운 생의 국면들로 들어서게 하는 계기였겠지만, 우리 수필사의 관점에서 보면 산행수필의 본격적인 지평을 열어젖힌 탐색의 여정이라고 할 수 있다.

세상의 일이란 오묘하다. 세상을 피하여 지리산으로
들어갔는데, 결과적으로 그 지리산이 나를 다시 세상에 불러낸
것이다. 그 알 수 없는 섭리를 어찌 인간이 가늠할 수가 있으리오.
그래서 나는, 운명의 화살은 직선이 아니라 곡선으로 가는 것이라
믿는 것이다.

첫 수필집 『지리산 황금능선의 봄』(2009)의 서사(序詞)에 해당하는 「지리산에서 만난 문학」에서 백남오 선생은 자신의 문학적 둥지인 지리산의 의미를 이렇게 적고 있다. 그가 지리산을 찾고 지리산에 몰입하게 된 정신적 배경에 대해서는 이미 몇 편의 글을 통해서 밝힌 바 있지만, 그에게 지리산은 삶의 애환을 넘어 생의 섭리를 생각하게 하는 중요한 존재인 셈이다. 어머니-산으로서의 지리산, 그것은 한때의 감정과 상념을 넘어 좀 더 긴 호흡의 시간, 개인이나 공동체의 운명, 혹은 여러 단위의 역사를 사유하게 하는 정신적·물리적 실체이다. 인용글 "세상을 피하여"라는 구절에 담긴 삶의 우수와 슬픔을 품어 위로의 한 시절을 보낼 수 있게 해 주었던 지리산의 체험들은 다시 세상을 향해 나설 수 있는 계기가 되었는데, 한 길의 인간으로서는 도저히 헤아릴 수 없는 이 입(入)과 출(出)의 연기(緣起)와 우여곡절(迂餘曲折)이야말로 한 작가의 삶과 문학의 자양이 된 셈이다. 백남오 수필의 저간을 흐르는 생의 우수와 외경은 이 알 수 없는 '운명적인 것'에 대한 정서적·정신적 경험을 배후로 한 것으로, 그러한 점에서 지리산은 이 '운명적인 것'의 실재(實在)하는, '물질적' 상징인 것이다.

대성동은 그 자리에 있건만 인걸은 간 데가 없다는 옛말
그대로다. 오래전 우정을 기약했던 주인장 친구도, 우리 아픈
현대사의 산 증인인 그의 어머니도 최근에 고인이 되었단다.

지금은 그 옛날 꼬마총각 막내아들이 자라서 대성동의 서러운 역사를 이어가고 있다. 세월의 무상함에 스스로의 삶도 돌아보게 된다. 주어진 시간만을 살다가는 유한한 인생이기 때문이리라.

-「지리산 대성동의 겨울밤」에서

30여년의 산행의 경험을 통해 그가 마주하고 있는 것은 시간이다. 글의 소재가 된 장소 '대성동'에서 그는 한 개인과 공동체의 세사를 품고 계속되는, 지속적 실체로서의 자연을 목도하게 되는 바, 이와 같은 사유 경험은 '자연시간'을 목도한 인류의 지극히 오래된 성찰의 핵심 내용이라고 할 수 있다. "인걸은 간 데가 없다는 옛말"을 확인하는 자리, 그 자리는 실체로서의 자연장소이자 "유한한 인생"이 목도하고 있는 지속적 실체로서의 자연시간이다. 2004년에 시작된 백남오 선생의 15년 글쓰기는 '운명적인 것'에 대한 경이의 감정이 한 시절을 선회하며 자연화 하는, 이른바 귀소의 여정이라고 할 수 있다. 이는 그의 글쓰기가 자연-일상이 되는 과정이며, 한편으로는 그 글쓰기의 기지가 되었던 지리산의 구심력으로부터 자유로워지는 과정이기도 하다.

첫 수필집에서 "밤잠을 마다한 이른 새벽에, 칠흑같이 어두운 밤, 폭우 속에서, 한겨울 키를 넘는 폭설을 헤치며 지리산을 올"랐다는 등반의 정념은 이번 작품집에서는 더 이상 그렇게 할 수 없음을 받아들이는 고백의 진술로 바뀌어져 있다. 그것은 "지리산에서 자연의 순리를 배우고 내가 가야할 운명의 길까지도 깨달았다"는 전(前) 시기의 서술이 현실로서 당도했음을 생각하게 한다.

지금 나는 지리산 천왕봉에 오를 수가 없지만/준엄한 자연의 순리와 세월/겸허히 순종하려 합니다./벅차게 울렁이는 회한들도 선승처럼 다스려야만 하겠지요./살아온 날들은 눈물겹도록 행복할 뿐입니다./봄, 가을, 여름을 지나고/생의 마지막 계절이 다가오고 있지만/차마 겨울이란 말은 쓰기가 망설여져/다시 설레는 봄날의 유토피아를 생각하며/목숨처럼 남은 하루하루를 새롭게 사랑하고 싶습니다.

"지금 나는 지리산 천왕봉에 오를 수가 없지만"으로 시작하여 "울렁이는 회한들도 선승처럼 다스려야만 하겠"다는 진술로 돌아드는 이 '자서'는 첫 번째 수필집에 내장되어 있던 격정과 책무가 生의 자연 속으로 잦아들고 있음을 보여준다. 자신의 글쓰기의 계기가 되었던 지리산으로부터의 해방, 그것은 쉰의 나이에 또 다른 생의 국면을 펼쳐준 실재(實在)하는 상징으로서의 지리산에 대한 내발적(內發的) 의무의 종결이라고도 할 수 있다. 이는 삶이나 의식뿐만 아니라 그의 글쓰기가 좀 더 자유로워질 것임을 예고하는 것이기도 하다. 실제로 앞의 세 권의 작품집은 전체적으로 그의 글쓰기가 이러한 방향으로 진행되어 왔음을 시사한다.

『지리산 황금능선의 봄』이 지리산이라는 공간의 아름다움을 소개하는 산행지기로서의 역할을 수행하였다면, 『지리산 빗점골의 가을』은 지리산에 깃든 시간의 역사적 지층을 펼쳐 보여준 것이었다. 두 권의 책이 소재나 내용면에서 거의 지리산을 대상으로 한 것이라면, 세 번째 작품집 『지리산 세석고원의 여름』은 장소로서의 지리산을 작가 자신의 삶으로 옮겨 과거 생의 능선과 봉우리들을 탐색하는 작업이었다고 할 수 있다. 이번『지리산 종석대의 종소리』는 이러한 시선이 일상으로 확대되어 삶의 세간들을 드러내면서 작가적 성찰의 지혜들을 곳곳으로 전해주는 장이라고 할 만하다. 그러한 점에서 지리산 시기의 대단원이라고 할 수 있는 이번 작품집의 제목에 '겨울'이 붙지 않은 것은 지리산 시기의 마감이 또 하나의 세계를 여는 개진(開進)의 자양이며, '종석대의 종소리'가 본질적으로 신생의 파동이기를 원하는 마음에서 기원한 것이리라.

〈자서〉에 드리워진 겨울의 정념과 낭만적 희원, 이 양가의 감정은 백남오 문학의 현재를 잘 드러내주는 정서적 자질로서, 이 둘의 동거는 『지리산 종석대의 종소리』의 개성을 이루는 중요한 요소이다. 쉰이 다 되어 시작된 글 쓰는 일의 성취와 충만감이 중년을 넘어 노년을 향해 가는 작가의 우수와 한 자리에 놓인 이 내면의 풍경에서 우리는 삶의 실제를 생각하게 된다. 글쓰기 과정에서 재구성되는 체험의 생생함과 활성화되는 성찰의 능력이 필연적으로 마주하게 되는 육체적 현실과 현재, 여기에 글쓰기가 가져온 새로운 일들과 인연에 대한 애정이 어우러져 그의 글들은 지리산의 단풍처럼 아름답고 다채롭다. 특히 글쓰기에 대한 그의 사랑과 그 글을 떠받치는 진솔함은 이오덕 선생이 강조했던 수필문학의 인간적 매력을 생각하게 한다. 여러 편의 산행수필에서 자신을 "산꾼"이라고 지칭했던 작가의 자의식과 그것의 대지를 이루는 생생한 육체성은 중년을 지나 노년을 향해가는 그의 현재적 글쓰기에도 동일하게 지속되는 매력적 자질로 생각된다.

3.

지리산에서 발원하여 이제 네 번째 수필집에 당도한 백남오의 문학은 여행지와 일상, 그리고 문학작품에 대한 감상까지 그 영역을 확대가고 있지만, 그의 글의 본령은 여전히 지리산이고 자연이다. 글쓰기의 연수(年數)가 쌓여가면서 그의 삶과 문학이 함께 넓어지고 있는 셈이지만, 그로 인해 더불어 생기게 된 상처와 슬픔들, 그리고 변화된

생의 환경과 시간으로부터 오는 쓸쓸함도 적지 않을 것이다. 자신을 산꾼으로 지칭하고 있지만 그의 수필들에는 한없이 여리고 섬세한 내면이 곳곳에서 어른거리는바, 자연은 내상(內傷)을 입은 그 영혼이 위로 받고 귀소(歸巢)하는 기능을 여전히 수행하고 있다. 생의 왜소함과 초라함을 피해 숨었던 지리산은 이전보다 더 많은 자산을 소유한 그를 또 다시 위로하는 모성적 존재로서 기능하고 있다.

> 요즘 들어 자꾸만 외고개에 가고 싶은 것일까. 계절 탓만은 아닐 것이다. 크고 넓은 지리산이란 영토 속에서도 왜 작은 외고개가 부르는 것일까. 그만큼 자신이 작아지고 왜소해지고 용기도 없어지고 쇠약해졌기 때문일까. (…) 자연의 위로가 인간보다 더 따뜻할 수도 있다는 생각을 깊이 새겨두는 순간이기도 하다. 이제라도 사람의 사랑과 위안 없이도 살아야한다는 굳은 결심을 다져본다. (…) 동쪽 왕등재를 향하여 오르는 능선은 가파르고 눈 속에 묻혔지만 포근하고 다정하다. 가끔씩 조망되는 주능선 쪽의 천왕봉과 중봉의 산군들이 흰 눈을 덮어쓴 채로 웃어준다. 얼마나 보고 싶었던 모습인가. 내안에 쌓여있던 어둡고 황량한 그림자들이 말끔히 지워지는 것만 같다. 나는 이렇게 지리산을 떠나서 살 수가 없지만 몸은 젊음의 푸른 시간들을 지나오고 말았다.
> ―「지리산 외고개에 가고 싶다」에서

지리산의 수많은 장소 중에서 "작은 외고개에 가고 싶은" 이유를 작가는 자신의 왜소함과 쇠약함이라고 스스로 답하고 있지만, 이러한 감정은 대체로 사람들과의 관계로부터 온 것으로 보인다. 지리산을 수백 회 오른 산꾼이지만 그는 외향적이거나 강한 사람이라기보다 쉽게 상처를 입는, 좀 더 정확히 말해 스스로 내상(內傷)을 선택하는 쪽에 가까운 사람이다. 그러한 점에서 지리산은 자신이 택한 상처를 위로하는 자성(自省)의 공간이자 다시 사람들에게로 돌아갈 수 있도록 다독이는 회복의 장소이다. 지리산의 절경 앞에서 그가 빈번하게 순수의 정념을 드러내는 것은 자신 "안에 쌓여있던 어둡고 황량한 그림자들"에 대한 정화의 염원인데, 하여 "사람들의 사랑과 위안 없이도 살아야 한다는 굳은 결심"의 실체는 사람들에 대한 애정의 회수나 거리두기가 아니라 오히려 이러한 사태를 넘어서기 위한 노력이자 내면의 다짐인 것이다. 이 점에서 그에게 산행(山行)은 부정적 감정을 해소함으로써 삶과 사람들을 향한 사랑으로 돌아가려는 자기 치유와 회복의 과정이라고 할 수 있다. 마치 동물들이 다쳤을 때 온천물에 몸을 담가 자신의 상처를 치료하는 것처럼, 그는 삶과 사람들로부터 입은 내상을 치유하기 위해 산에 오르는 것이다. 지리산에 대한 그의 강렬한 애착은 어찌 보면 일상과 사람들에게 다시 돌아가기 위한 노력의 일환이라고 할 수 있다. "자신이 작아지고 왜소해지고 용기도 없어지고 쇠약해졌기 때문"에 '작은 외고개'에 가고 싶은 것이 아니겠는가라는 자답(自答)에는 산꾼이라고 자칭하는 작가의 이러한 중층적인 내면이 담겨 있는 셈이다.

화면속의 주인공들은 한결같이 말한다. "대자연이 이웃이 되고 다정한 벗이 되어주기 때문에 혼자 사는 것에 전혀 문제가 없을 뿐만 아니라 편하고 행복하다"는 것이다. (…) 화면속의 주인공들은 자연과 벗이 되어 대화도 사색도 할 수 있겠지만 그것은 한순간의 위안이지 인생 전부를 대체해 주지는 못할 것이 아닌가. (…) 더구나 좋은 풍광도 함께 봐야하고 아름다운 소리도 더불어 들어야하는 속인의 경지에서 그 모든 것을 혼자서 해야 한다면 외로워서 죽을지도 모를 일이다

- 「나는 자연인이다」에서

　작가가 빼놓지 않고 즐겨보는 TV프로그램 〈나는 자연인이다〉에 대한 감상을 적은 수필의 한 대목이다. "혼자 살아갈 수 있는 힘의 뿌리"에 대한 호기심에서 이 프로그램을 열심히 보게 되었지만, 한편으로는 프로그램의 주인공들처럼 언젠가는 혼자 살아가야 할 상황에 봉착했을 때의 두려움과 불안감을 미리 연습하기 위해서 시청하는 것이라는 자기 진단은 백남오 수필의 자연[nature]을 흐르는 배후의 정념이라고 할 수 있을 것이다. "좋은 풍광도 함께 봐야하고 아름다운 소리도 더불어 들어야한"다는 '속인의 경지', "모든 것을 혼자서 해야 한다면 외로워서 죽을지도 모를 일이"라는 저 고백은 그의 삶과 문학을 가로지르는 정서적 본질이라고 해야 할 것이다. 지리산이 없으면 살 수 없을 것 같은, 산행수필의 본격적인 장을 개척한 백남오 선생의 자연에 대한 애착 속에는 함께 어우러져 사는 사람살이에 대한 열렬한 애정이 내장되어 있다. 『지리산 종석대의 종소리』에 수록된 많은 글들이 향하고 있는 가족들, 학생들, 문우들, 그리고 다양한 인연들에 대한 기억과 말들은 더불어 살아가는 삶을 그가 얼마나 소중하게 생각하고 있는지를 잘 보여준다. 그러한 점에서 시시때때로 주말마다 찾는 산행은 일상과 사람을 향해 다시 돌아오기 위한 성실함의 일환이라고 할 수 있다.

　젓가락 장단에 맞추어 돌아가면서 각자의 끼를 발산하는 자리가 된다. 노래를 부르기도 하고, 시낭송을 하고, 또 어떤 이는 좋아하는 작품의 한 구절을 읊는다. 내 차례가 되어서는 느닷없이 〈홍도야 울지마라〉를 소리 높여 불러본다. (…) 폭설과 인정이 어우러진 전주의 밤은 이렇게 깊어간다. 얼핏 밖을 내다보니 눈은 그칠 줄을 모른다. 더 펄 펄, 펑 펑 쏟아져 내린다. 내린 눈은 쌓이고 쌓여 온 세상이 눈 속에 묻혀가고 있다. 그럼에도 내일 아침을 걱정하는 사람은 아무도 없다. 이 아득한 인연은 어디로부터 연원된 것이며 어떻게 이어질지 자못 설레기만 한다. 무엇인가 새로운 역사가 시작될 것 같은 희망하나가 불현듯 스치고 지나간다.

-「눈 내리는 전주의 밤」에서

전주에서 열린 문학행사 참가기의 성격을 띤 이 글에서 우리는 백남오 문학의 바탕을 이루는 심미성의 정수를 보게 된다. 세석평원이나 반야봉 혹은 영랑대 등 그가 지리산의 가장 특별한 장소로 꼽은 곳에서 경험한 지극한 평화, 그 황홀한 체험이 "폭설과 인정이 어우러진 전주의 밤"에도 펼쳐지고 있는 것이다. 사람들이 함께 노래를 부르고 시를 낭송하며 "젓가락 장단에 맞추어 각자의 끼를 발산하는" 저 선술집의 풍경은 현상적으로는 시끌벅적한 유흥의 공간이지만 서로의 마음들이 하나로 어우러지는 지극한 평화의 세계이다. 그곳은 선술집을 마치 영화의 한 장면처럼 감싸고 있는, 바깥의 폭설의 풍경, 그 정온함이 주는 심미성의 세계와 다르지 않다. 어찌 보면 그가 지리산의 유토피아라고 불렀던 그 황홀한 심미의 세계는 사람들이 하나가 되어 온전히 인정(人情)을 만끽하는 저 선술집의 풍경, 그 풍경의 정화된 버전이라 할 수 있다. 이는 역설적으로 그가 지리산을 어떤 일보다 우선순위에 두고 찾았던 이유이기도 할 것이다. 일상과 심려를 모두 내려놓고 마음들이 어우러지는 저 충만한 흥(興)의 세계는 지리산의 유토피아라 할 만한 승지(勝地)들에서 그가 보고자 했던 심미성의 세계와 크게 다르지 않을 것이다. 물론 그가 보았던 지리산의 황홀경 속에는 이러한 세속주의와는 구분된 천상적 성(聖)의 성격이 분명히 자리하고 있지만, 그 세계에 대한 희원의 한 편에는 일상과 인간관계에서 오는 상처와 결핍을 치유하고자

하는 의식 또한 중요한 동기로서 내재되어 있는 것이다.
 지리산에 대한 한없는 동경과 사람들을 향한 애정은 백남오 문학의 중요한 두 축이지만, 그것들의 배후에는 근본적인 것에 대한 어떤 정념이 자리하고 있는 듯 보인다. 이를 우리는 종교적 영성, 혹은 알 수 없는 너머의 세계에 대한 외경(畏敬)이라고 할 수 있을 것인데, 이러한 성격은 그의 글과 삶의 저류(底流)를 흐르는 본원적 요소라고 할 수 있다. 첫 수필집에 수록된 「반야성지 묘향대의 밤」에서 우리는 그 일단을 확인한 바 있다.

> 배낭 속에는 쌀 두 되로 빚은 시루떡이 들어 있다. 묘향암 부처님과 신령님께 바치기 위한 제물이다. 2년 전 묘향암을 처음으로 찾았을 때, 빈손의 무안함을 조금이나마 상쇄시키고, 그동안 무사히 지리산에 다닌 감사함도 전하고 싶은 것이다.

 가파르고 지독한 오르막의 연속인 심마니능선을 거쳐 8시간 만에 도착한 묘향암, 우리나라 암자 중 가장 높은 곳에 자리한 이 숨은 암자를 찾아 하룻밤을 묵고 돌아온 과정을 적은 이 글에는 일반 사람들은 잘 이해할 수 없는 외경의 정념이 담겨 있다. 3일 전부터 준비한 부처님께 올릴 "쌀 두 되로 빚은 시루떡"을 지고 지리산행 중 가장 힘들고 어려운 코스를 오르게 동기는 둘이다. 빈손으로 찾았던 2년 전의 기억과 무탈 산행에 대한 감사이다. 각별한 불교신자도 아니고 기도의 제목이 있는 것도 아닌데, 8시간의 산행을 거쳐 묘향암 부처님 앞에 제물을 올리는 마음, 이 외경심이야말로 백남오 선생의 가장 깊은 곳에 자리한 생의식이 아닐까. 지리산의 절경 앞에 그가 펼쳐 보이는 절대적 심미성과 황홀감의 의식 속에는 근원적인 세계에 대한 어떤 외경이 자리하고 있는 듯하다. 이와 같은 외경심은 산행에서만이 아니라 삶의 고통을 바라보는 시선에서도 확인된다.

> 인간은 고통 안에 구원의 뜻이 있고 새로운 인간으로 다시 태어나게 되며, 육신을 능가하는 영적인 것의 위대함이 있는 것이다. 또한 인간이란, 자신을 넘어서 나아가도록 하는 초인적인 힘이 신으로부터 주어졌는데, 고통이란 바로 인간에게 이 초월성을 가르쳐 주고 있는 것일지도 모를 일이다. 그런 의미에서 고통은 신비라고 생각한다.
> ―「고통의 신비」에서

"고통 안에 구원의 뜻이 있고", 고통은 초월을 위한 신의 계시라는 성찰은 기독교인의 그것이다. 그리스도의 십자가를 묵상하며 생의 고통의 의미를 사유하는 이 글의 내용은 종교인의 신앙 고백이 아니라 한 생을 지나온 자의 겸허한 성찰의 진술이다. 여기에서 '신'이라고 명명한 존재, 고통 속에 구원의 의미를 새겨 넣고 인간에게 초월적인 힘을 부여했다는 존재는 8시간의 고된 산행을 거쳐 시루떡을 제상에 올려 모셔야 하는 묘향암의 부처님과 다르지 않다. 이들 존재에 대한 외경은 실상 삶에 대한 외경이자 생명 세계를 향한 근원적인 존중과 환대의 마음인 것이다.

4.

늦은 나이에 등단한 사람들이 빼놓지 않고 토로하는 말은 좀 더 일찍 문단에 나왔더라면 더 좋은 글을 쓰고 더 많은 주목을 받았을 것이라는 내용이다. 이와 같은 마음의 한 켠에는 현실적 한계에 대한 자의식과 삶에 대한 모종의 불만이 자리하고 있다. 백남오 선생은 중년의 시기에 찾아온 글 쓰는 자로서의 역할을 섭리로서 겸허히 수용한다.

> 투박한 산속의 돌부리에도 부딪치며 이리저리 헤매고 넘어지는 과정에서 수필가의 부름을 받게 된 것이다. 그때 나이 오십을 넘어서고 있었으니 이 얼마나 야속한 하느님이신가. 한 십년만 더 일찍 시작했어도 좀 더 감동적인 글로 독자들을 만날 수 있으리란 기대를 해볼 때도 있지만 그 모두가 하느님의 깊은 뜻일 것이란 믿음으로 스스로를 위로하고 만다.
> -「얄미운 하느님」에서

50이 다 되어 수필가로 등단하게 된 현실적·내면적 사정에 대해서는 이전의 글들에서 밝힌바 있지만 그는 글 쓰는 자로서의 삶을 하나의 소명(召命)으로 받아들인다. "수필가의 부름을 받게 된 것", 이 표현에는 삶을 바라보는 그의 시선과 태도가 내재되어 있다. 그것은 앞서 보았던 산에 대한 외경과 고통에 대한 사유 속에서도 노정된바, 그는 자신의 신산의 시간들이 하나의 과정이었으며, 그 모든 일들 속에는 "하느님의 깊은 뜻이 있을 것이라는 믿음"을 피력한다. 기독교인의 관점에서는 섭리(攝理)라고 할 만한 의식이 그의 네 번째 수필집에 담겨 있는 셈인데, 이는 글을 쓰고 가르치는 일에 대한 그의 성실함과 책무의식 속에도 반영되어 있다. 형제들과 학생, 후배 교사들, 이제 결혼의 길에 들어선 신혼부부, 그리고 함께 글쓰기의 길을 가는 문우들에게 띄우는 글들 속에 담긴 곡진한 애정 또한 이러한 소명의식의 한 표현이라고 할 수 있다.

이전의 저작들과 달리 네 번째 수필집 『지리산 종석대의 종소리』에는 글(쓰는 일)에 대한 자의식이 보다 본격적으로 나타난다. 이는 수필이라는 장르에 대한 정체성과 의미가 자신 속에서 분명하게 갱신되었음을 시사하는 것으로 이후 백남오 문학의 새로운 개진을 예고하는 대목이다.

> 수필은 15매 전후의 형식 속에 한 영혼의 가장 깊고 미세한 풍경을 고스란히 그려낼 수 있다. 때로는 짧아서 아쉬운 시와 너무 길어서 읽기 힘든 소설의 지루함까지 15매 속에 녹여낸다. 우주를 표현할 수 있고 인류의 정신사까지 담을 수 있음도 물론이다. 15매라는 틀 속에 문학의 다양한 미적 장치를 구비하여 깊게, 때로는 폭넓게 감동을 준다. 이 얼마나 매력 넘치는 문학인가. 나는 이것을 매력을 넘어선 수필의 마력이라 부른다. 수필쓰기에 깊게 빠져드는 이유다.
>
> -「수필, 그 15매의 마력」에서

시와 소설의 정합 시점을 수필의 자리로 사유하고 있는 그에게 수필이란 "영혼의 가장 깊고 미세한 풍경을 고스란히 그려낼 수 있"는 장르이다. 이러한 생각은, 시적 내밀함과 서사 장르의 이야기성이 수필-글쓰기를 통해 창조적으로 결합될 수 있다는 판단에서 연유한 것이다. 흥미로운 것은 두 장르의 연금술적 결합을 원고지 15매라는 형식으로 파악하고 있다는 점이다. 수필을 서정성과 서사성의 다양한 변주로 정의하는 것은 진솔한 내면과 체험의 결합이라는 수필에 대한 가장 오래된 규정으로부터 벗어나 있지 않으며, 백남오 선생의 수필은 이를 실천적으로 보여주는 한 사례라고 할 수 있다. 그가 수필의 형식을 15매라는 분량으로 규정한 것은, 수필이라는 장르가 갖는 무형식의 자유로움이 장르적 정체성의 부재나 서술의 해이를 초래할 수 있다는 우려에서 기인한 것으로 보이는데, 그러한 점에서 15매는 서술의 장력을 유지하는 내면적 규율의 방법적 고안으로 판단된다.

이전의 글들에서는 찾아볼 수 없던 수필에 대한 이러한 비평적 자의식은 앞으로 그의 수필의 새로운 개진을 생각하게 한다. 그가 정철의 가사 「관동별곡」이나 정비석의 「산정무한」 등을 언급하며 그 작품들의 감동에 관해 이야기하는 것 역시 이제 지리산수필가로서의 자리를 넘어 수필이라는 장르 자체에 대한 보다 폭넓은 시도들이 이루어질 것임을 시사하는 것으로 보인다. "접신할 때 오는 떨림도 그런 감정이었을까. 생각해 보면 그것은 아마도 내 의식 밑바닥에 묻힌 문학에 대한 메아리가 아닐까싶다." 「산정무한」에 대한 감동을 이렇게 그가 갈무리할 때, 수필은 더 이상 여기(餘技)로서의 글쓰기가 아니라 존재를 흔드는 영혼의 글쓰기인 것이다. 여기에서 우리는 글 쓰는 자로서의 그의 소명의식을 재삼 확인하게 된다.

*

『지리산 황금능선의 봄』에서 시작된 지리산-수필가로서의 백남오의 문학은 『지리산 종석대의 종소리』로 지리산-수필 시대를 마감하는 듯 보인다. 물론 지리산은 그의 문학적 유전자로서, 생생한 생의 감각적 원천으로서 그의 글들 속에 생명을 이어갈 것이고, 이로부터 기원한 생에 대한 외경(畏敬)과 성실함, 그리고 주어진 것들을 겸허하게 수용하는 받듦의 윤리학은 그의 문학적 혈맥을 이루어 지속되겠지만, 그에게 하나의 내적 사명으로 존재했던 모성적 육체로서의 지리산은 여기에서 일단락될 것으로 생각된다. 그의 최근 글들에 좀 더 분명하게 부상하는 글 쓰는 자로서의 소명의식과 수필 장르에 대한 비평적 자의식은 앞으로 그의 글쓰기를 내용과 방법 면에서 변화시키는 내적 추동력이 될 것이며, 이는 우리 문학사에서 산행수필의 향취와 가능성을 열어보였던 그의 문학적 능선이 새로운 국면으로 길을 만들어 새로운 진경(珍景/進境)을 펼쳐 보이는 의미 있는 계기가 될 것이다. 生에 대한 외경과 삶을 향한 환대로서의 백남오 문학이 어디로 길을 낼지, 그래서 여러 능선을 거느린 매력적인 산맥을 형성할지 지켜보는 일, 그것은 그의 산행수필과 더불어 지리산의 매력을 향유했던 이들의 몫일 것이다.